天道シリーズ〈5〉

生死輪廻を逃れ極楽に帰る

天道説明

高山京三
Keizo Takayama

たま出版

序　文

これからお話しする天道説明は、決して現世利益を求めるための逸話ではありません。太古の昔から聖人から聖人へひそかに伝えられてきた悪い因果（業＝カルマ）を切って永遠の幸せを得る導き書です。すなわち人生を**幸せ**に過ごすためには不幸を引き起こす原因を取り除き、そしてその悪い因縁から解脱することが不可欠だからです。

その絶対条件はこれから詳しくお話しする**天の一《いち》（原始・根源）の『道』**にあることをここにお知らせするわけですが、それは〝**辛の字に一を冠すると幸となる法**〟を授かれば、生死輪廻する要因とされる悪因悪果《あくいんあっか》という悪い業（カルマ）が解かれ、そして神の加護をいただいて**人生途上～三途《さんず》の川～冥途（地獄）**という人間生死の決まり文句から逃れ「**人生途上の始末、老後の始末、死後の始末**」が約束され、人生を終えれば永遠の幸せが享受できる極楽浄土の涅槃《ねはん》に大往生することが叶《かな》います。

それは、天道《てんどう》の『得道《とくどう》（正法《しょうほう》）』を授かり因縁の因の口《かこい》に囚《とら》われている大を取り出して〝因縁解脱〟すれば、大は解放され、因縁のない自由自在の身、『般若心経』に言われる観自在菩薩《かんじざいぼさつ》となれるからです。

大の字は一と人で、その大に天道の『得道（正法）』で『一』を冠すれば天となり、その身は天の加護を得て人生安らかにして大往生、つまり極楽往生が約束されるという話です。

天道の『得道（正法）』を授かれば人生途上における災難や障害など、あらゆる災いからその身は守られ、日々の生活では進むべき道筋が自然に明らかになるなど、順風満帆な人生が約束されます。

また、老後は病難から守られて平穏な暮らしを送ることができ、さらには家族や周囲の人間関係もスムーズに運ぶように天が図ってくれるのでわびしさを味わうこともありません。

そして、天寿を全うした後は再び生まれ変わることなく不老不死の世界、理天極楽浄土の天堂《てんどう》（楽園）に昇ることが叶います。

つまり、天道の『得道（正法）』を授かれば即身成仏し、一生涯の無事と安心が約束されるからです。

天道になじみの薄い皆様は、人生途上という〝途《みち》〟にいて輪廻転生を繰り返していること自体に、何の疑問も抱かず暮らしていますが、果たしてそれで安らかな幸せが望めるのでしょうか？

また、〝途《みち》〟の先にある「ご冥福をお祈りします」の冥は冥土つまり暗黒の世界、地獄だと承知されているでしょうか？　つまり「地獄での幸福をお祈りします」と言っているのです。

人間には永遠に不滅の〝**神の霊**《たましい》〟が内在しているのに、それを捨て置いて、身に取り憑《つ》いて不幸を生み出す〝**鬼の魂**《たましい》〟を〝吾《わ》が心〟と信じて〝渡る世間は鬼ばかり〟の世の中で不安と戦いながら、成功を目指して奮闘や葛藤し栄光を追い続けていますが、その身は永遠ではないので時の流れとともに老いて、そして死を迎えれば、**冥土（地獄）**へと旅立って逝きます。

その「**逝く**」という字は折《お》れると辶《しんにゅう》で、その意味は、

【逝】(辶7) 漢セイ shì ゆ-く

解字 形声。音符は折《セツ》《セイ》(抜け出る意→蜺《セイ》)

意味 ①ゆ-く(往)(ア)さる(去)。遠く行って帰らない。「日月逝矣」〔論語・陽貨〕(イ)すすみ行く。「雖不レ逝」〔史記・項羽紀〕・(ウ)しぬ(死)。ほろびる。「逝去」②すみやか(速) ③めぐる(回) ④ここに。発語の助字。「逝不二古処《コシヨ》一《ここにせず》」〔詩経・日月〕

同訓異義『ゆく』→〔行〕(一〇〇五1)

【△逝去《セイキョ》】死ぬ。なくなる。＝長逝・永逝。

【△逝者《セイシャ・ゆくもの》】過ぎ去ってふたたび帰らないもの。「子在二川上一曰、——如レ斯夫」〔論語・子罕〕

とあります。つまり霊は死後何処《どこ》に逝ったか分からないのです。

そしてその人生が人生途上の〝途《みち》〟にある限り**中途**、**途中**ですから、いくら輪廻転生を繰り返しても完成も、完結もあり得ないのです。

「**途**」の字に人生の意義を伺えば『**空手で生まれ来て、空手で帰る**』と言われるように、人生途上で得た地位や名誉も、また金銀財宝や動産不動産などの財物はもちろんすべてを手放して**死んで逝く**ことになるので「何も持って死ねない」、つまり我《わ》が身にどれ程の富や誉れがあってもその手に持っていけるものは何もない、すなわち空手で死に**逝く**のです。

結局は**中途**、**途中**で終わることが示唆されています。

そのように世の人々は、手中《しゅちゅう》にある物を失わないように無我夢中で努力し、そして栄光を手に入れようと葛藤し続けていますが、社会的地位や身分、富貴や名誉は命ある間だけの一時的な夢にすぎないのです。

この短い人生での物事を実相と捉えて夢を追い続けている限り、人間は時の流れのなかで、ただ一時的に生まれ、そして無常に消え**死に逝く運命**にあるのです。

この世での生活に充実や喜びを求めても、また成功や名誉、富を求めても死を迎えれば人生での功績や苦労して得たものは泡沫《うたかた》の如く夢幻《むげん》と化して、一瞬に消えてしまうのです。

そのように皆様はこの世と日々の生活を**実相**と認識して暮らしているかと思いますが、その誤解が人生を見誤る元凶だということを覚《さと》らない限り、皆様の霊《たましい》は永遠に救われないことを知るべきです。

もしこれからの人生を平穏無事に過ごし、終極は理天極楽と言われる浄土の彼岸に帰ることを願う気持ちがあるのなら、これからお話しする天界の仕組みを知り、霊の変遷《へんせん》つまり生まれ変わり死に変わりの四生六道輪廻から解脱して理天極楽に帰る**天道の秘宝『得《とく》道《どう》（正法《しょうほう》）』**を授かってください。

天道の『得道（正法）』を授かれば神意（妙智慧《みょうちえ》）を直感的に感じる本来の霊能力が復活し、たとえどんな苦しみや障害があったとしても安心が伴い無事に乗り越えることができるようになります。

また、理天極楽の神様の加護により、悪い業（カルマ）が払拭され光明が射してきますから、自然と誘惑や煩悩に打ち勝つことができるようになり、人生上の平穏無事が約束されて、老いても安心が得られ、死後は大往生する戸《とびら》、**靈《れい》の正門《しょうもん》・玄関《げんかん》**から理天極楽の涅槃に昇り帰天することが叶います。

今のままでは**尸《しかばね》**になるところを**天道の『得道（正法）』**によって、**天の『一』**を授かれば**戸**に変わり玄関は開き、霊のふるさと、理天極楽の〝天堂《てんどう》（楽園）〟へ昇ることが叶うからです。

つまり**尸＋一＝戸**ということです。

天の『一』は、神の子である私たちの霊がこの世に誕生する時、**靈《れい》の正門《しょうもん》・玄関《げんかん》**から身体に入った『道』であり、また一生を終えて再び天に帰る時も同じ『道』を辿《たど》って帰る往生の『道』でもあります。

往生の往は往復の往ですから、死後も生まれた時と同じ『道』であれば、極楽往生が叶うということです。その往生の『道』を授かることが『得道』であり、人々が求めて止まない「永遠の幸せ」を得る『道』でもあるのです。

今のあなたも！　人類も！　太古の昔から歴史を重ねてきたその目的はただ一つ「永遠の幸せ」を得ることに尽きるのではないでしょうか。それほど「幸せになる」ことは大変なことなのです。

お釈迦様が「人間世界は苦の世界だ！」と言われたように、人間世界では幸せは得られ難いものですが、決して得られないわけではありません。

実際は苦から逃れて永遠に幸せになれる『道』があるからこそ、お釈迦様をはじめ古の修道者たちが競って艱難辛苦の難行苦行もいとわず追い求め続けたその心底には、自らの尊厳を高めていくことで、神と一体となれる最高の資質を人間のみが有していることが分かっていたからです。

永遠の幸せの『道』を求めることを「悟りを開く」つまり「吾が心の戸を開く」と言い

ます。

「悟りを開く」ことは、身にまとわりついている悪い因縁（カルマ）から解脱して死後本《ほん》性《しょう》（**霊性**《れいせい》）の故郷、理天極楽の涅槃に帰る〝**往生の戸を開く**〟ことを意味します。

悟りを開けば、天地創造の神**老中**《ラウム》様（南無阿彌陀佛《なむあみだぶつ》）の加護により永遠の幸せが得られ、平穏無事に人生を送ることができ、そして理天極楽浄土の涅槃に昇ることが叶います。

なお、文中たびたび重複する箇所がありますが、それは天道の説明には欠かせない重要な部分ですから、それをご理解いただきお読みくださいますようお願い致します。

叩首

著者　高山京三　謹んでお話し致します。

天道シリーズ〈5〉

生死輪廻を逃れ極楽に帰る

天道説明

— 目次 —

マンガ・本文イラスト／佐藤光子
●出典●『漢和中辞典』（旺文社）
『明解漢和辞典』（三省堂）

第一章　マンガで解く天道

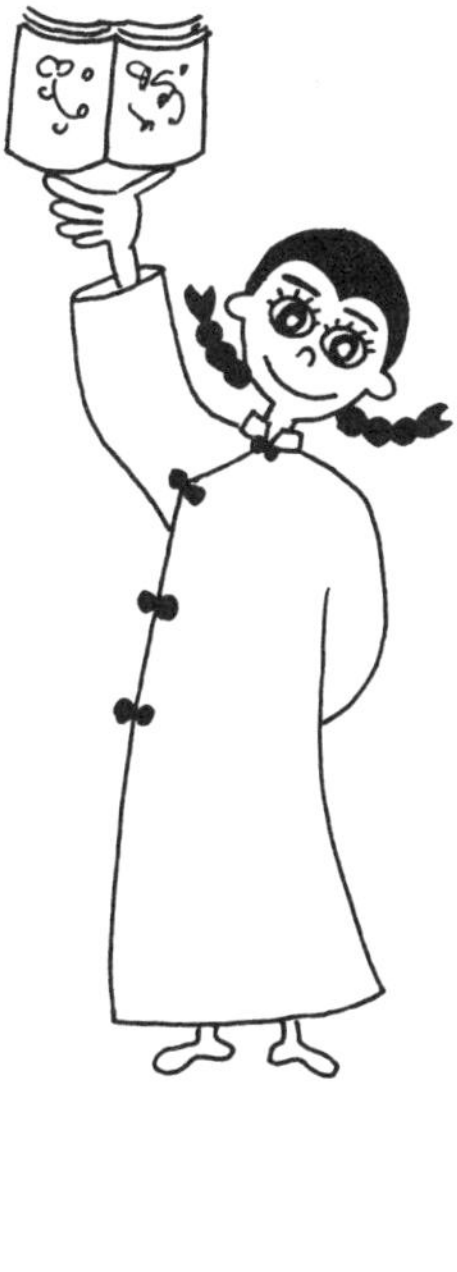

悪い因果（カルマ）を
きれいにして
人生を幸運に導く
『得道《とくどう》』

幸せになるための絶対条件

人間は皆下腹部の「陰部」から生まれます。

そして、この世、太陽の世界において、唯一立って生活をしています。

それを文字に表せば「辛」という字になります。

それは「生きるのに辛《つら》い思いをする」「老いて辛い思いをする」「病にかかって辛い思いをする」「死に際して辛い思いをする」

すなわち人間は生《せい》・老《ろう》・病《びょう》・死《し》と憂《ゆう》・悲《ひ》・苦《く》・悩《のう》といった、決して逃れることのできない苦、すなわち八つの業（カルマ）を背負っています。そのように八大苦という業を背負いながら幸せを求めて、一生懸命ですが、八つの業から逃れて幸せになれる神のご加護が得られる、天道の『一』の道『得道《とくどう》（正法《しょうほう》）』があります。

幸せになるための絶対条件の『一の道（得道）』を得れば、神のご加護を享《う》けて、生きるのに安心、老いても安心、病気しても安心、死に際しても安心という安心の『道』が開けてきます。つまり、「辛」という字の頭に『一』を加えると「幸」の字に変化するように、この『一』が、あなたを幸せに導いてくださる天の良薬となります。『一の道（得道）』を得ると次の字の如く、幸運がその身に招かれます。

どのような困難にも**克**《か》つ（勝つ）。ものごとに**恵**《めぐ》まれる。**喜**《よろこ》びがある。**嬉**《うれ》しい。**志**《こころざし》が叶う。**孝**《こう》行を尽くし、**孝**《こう》を享《う》ける。天**寿**《じゅ》を全うする。**壽**《じゅ》**嘉**《よしみ》（さいわいする）**古**《いにしえ》（神の意）

以上のように、文字の頭に十字を持つ字には、幸せとしての条件が示されています。頭痛には頭痛薬が、風邪には風邪薬が必要なように、また食物などの栄養素は口から入れられ、栄養素を必要とする各臓所に運ばれてその効果が発揮されるように、幸せを願う人々にとって、天道の『**一の道**（**得道**）』は、「**幸せになりたい！**」という希望が叶う良薬だということを、ここにお知らせ致します。

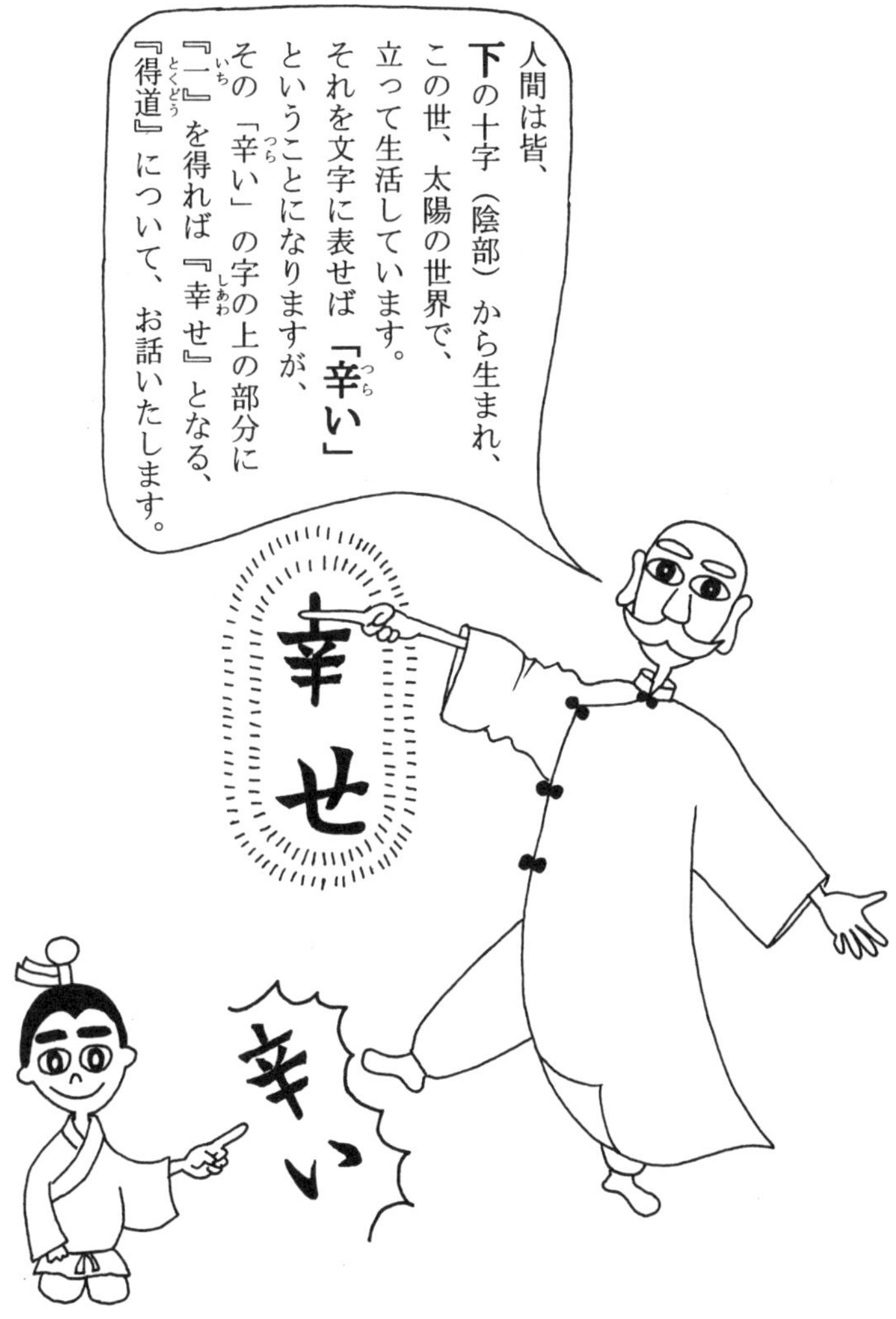
人間は皆、
下の十字（陰部）から生まれ、
この世、太陽の世界で、
立って生活しています。
それを文字に表せば「辛《つら》い」
ということになりますが、
その「辛《つら》い」の字の上の部分に
『一《いち》』を得れば『幸《しあわ》せ』となる、
『得道《とくどう》』について、お話いたします。
幸せ
辛い

1
走りやすい『道』を
選ぶといいよ！
イライラ
人生を導くのは『心』、しかしその『心』が問題なんじゃ！よい運も、悪い運も、『心』次第なんじゃよ！
心がけ次第で、人生をよくする事ができるといわれますが、やっぱり『心』自体に問題があるのですね…

2
過労運転　スピード違反！
それはじゃ、
心身といってな、
心と身は
別々のものじゃ、
車で例えれば運転手が心で、
車が身ということじゃ。
車を無事に走らせるのは
運転手次第だとすれば…
自分の人生も心次第で
よい人生が歩める
ことになりますよね。

3
心次第といえるが、その心自体にどうすることもできない因縁因果というシロモノが宿命として宿っているところに問題があるのじゃ。
だったら心次第では人生はよくなりませんよね。宿命をなんとかしない限り無理ですよね！では、いったいどうすればいいのですか？

4
あしからず！
イテ！
問題はそこなんじゃ！
人は一生懸命『心』を尽くして
頑張っているというが、
結果的には誕生日の
生年月日時が示す
宿命に従って
生きているのじゃ！
なぜですか？
嫌な思いをするために
この世に生まれてきた
わけではありません。
幸せが欲しいだけです。

5
人生をもっともっとよくしたいと願うのなら私の話をよく聞くことじゃ！実は今の人生だけが人生ではないのじゃ！これまで何百回、何千回と生まれては死に、死んでは生まれて、生死を繰り返しているのじゃ！
それは聞いたことがあります。輪廻転生《りんねてんしょう》といって生まれ変わることでしょう。でもなぜ生まれ変わるの？いい加減疲れます…

6
それはじゃ、人間はな、本当の幸せを求めて霊のふるさと、つまり、心のふるさとを探して旅をしているからじゃ！永遠の幸せがそこにあるからじゃ！
幸せになりたいです！ずーっとずーと永く続く幸せを！そのために心を尽くして頑張っているのですから。

7
じゃ聞くが
ポンコツの車と新車なら
どちらに乗りたいかな？
そりゃ当然、新車ですよ。
乗り心地がいいし
当然、事故が起きにくい。
乗ればきっと、
心がウキウキしますよ！

8
つまりじゃ、実は、これまでの生まれ変わりの人生で『心』はボロボロ！ポンコツの中古車と同じような状態なのじゃ！
えっ！ボロボロ？？？
『心』は生まれ変わるごとに新しくならないのか？

9
霊は不滅という話を聞いたことがあるじゃろ！その『たましい』が実は『こころ』なのじゃ！それがボロボロになってしまっているのじゃ！
なんとかして、新しくならないのかなぁ…
霊がねぇ…ボロボロねぇ…？？？？？？

10
人間の身体を車体とすればじゃ、運転手は『心』ということになる。その『心』が疲れては運転が危うくなる！人生も同じことじゃ！
そうすれば事故が起きる。家庭内の問題、仕事、人間関係、病気も…何もかも運転次第じゃ！すなわち『心』次第ということになるのじゃ！

11
人は皆、生まれた時に
生年月日と時間が定まるじゃろ、
これを宿命というが、この宿命に
その人の一生が託されているから、
宿命通りに歩むのじゃ！
決して逃れられない、その宿命を
なんとかしようと頑張っているのが
『心』すなわち『霊』じゃ！
なぜその『心』が、
いろいろな出来事を
引き起こすのですか？

12
欲が深すぎるからじゃ！
求めるものが過ぎると、
その反動で苦労が生まれる。
それを自業自得というが
それだけではないぞ！
実は、因縁因果といって前世、
前々世に今の人生を決める
原因があるのじゃ！
幸せを感じている人もいれば、
皆から尊敬される人もいる。
だけど悩みの多い人が殆どで、
事故や病気で苦しんでいる人、
お金で苦労している人など、
実に多くの苦しみがあり、
人生いろいろですね。

13
仏教の創始者
釈迦牟尼《しゃかむに》
だからお釈迦様は「人間世界は苦の世界」だと、おっしゃったのじゃ！
なぜ、私たちはそのような苦の世界にいるのですか？その原因は…

14
この世での苦の原因は、三世因縁《さんせいいんねん》といってな、前世、前々世の過去世で行ってきた善悪の結果じゃ！清算されなかったことが現れたというわけじゃ！
三世因縁！どこかで聞いたことがあります。
イテー
むずかしな！逃れたいな…

15
前世、前々世で作った善悪とこの世で作り出される新たな善悪が混ざり合って今の生活があるのじゃ！事故、争い、悩みや苦労、それに病気など…すべて原因あっての結果じゃ！
だから一生懸命頑張っても気を配っても、因果に流されて苦しむのですね。

16
常に三世因縁が付きまとって離れられないのが、『たましい』すなわち『心』というわけじゃ！
だから来世を幸せに暮らそうと思うならこの世で善いことをしておく必要があるというわけですね。

17
この世が終われば来世がある。その来世が今世、今世が前世、そのように輪廻を繰り返し、今世と前世、前々世との三世因縁を背負って『心』が葛藤するというわけじゃ！
次々と人生を繰り返して生きていくだから輪廻《りんね》転生《てんしょう》は止まることがないと、言われているのですね。しかし、それから逃れる方法はないのでしょうか？

18
ん……難しい問題だが一つだけ輪廻から逃れて永遠の幸せを得ることができる『道』は、あるにはあるが…
えっ！輪廻しない方法があるのですか？その『道』なら三世因縁から逃れることができるのですよね？だったら嬉しいです！

19
あるぞ！つまりじゃ、人生を人生途上と、呼ぶじゃろ、な！その「途」は三世因縁を背負い続けていく「途」で永遠に幸せを得る『道』ではない。本当の幸せは、「途」ではなく「首」が乗っかった『道』じゃ！それを得れば叶うのじゃ！
『得道』
あるのですか！本当にあるのですか？？？

20
あるが、どう説明すればわかるかなぁ…つまりじゃ、人生途上の「途」の字には天がつけられない。それに辶《しんにょう》に余りの字を乗せているじゃろ、つまり余りとは、重要ではない余分という意味じゃから、私たちの人生はただ生きて暮らして、そして死んでいくといったはかない人生の「途」なのじゃ！
だから死ねば極楽に行けず土の下、チョットというお寺の世話になるのですね。墓は土の上に莫《な》し、という字ですしね。

21
人生途上←三途の川←冥途←四生六道輪廻←人生途上
そうじゃ！
よくわかるね。
これが私たちの人生なんじゃ！
この繰り返しが、三世因縁を
生み出しているのじゃ！
ガックリ
？？？

22
この世での、
どんなに優れた行いも、
またやり遺したことも、
次の世に持ち越されて
空手で死ぬのじゃ！
本当の幸せを得るまでは、
いつのまでも苦しむように
なっているのじゃ！
空手で生まれて
空手で死んでいく人生か、
むなしいなぁ……
ずーっと続く永遠の幸せが
欲しい！

23
中
つまり、身体には
れっきとした親がいるように、
『心』つまり『霊』にも、
親が極楽におられるのじゃ！
だから「心身」といわれ、
心と身体は別々なのじゃ！
『霊《たましい》』の親神が極楽におられるなら、
余りの人生を苦しんでおくるよりも、
楽を極める極楽の親元へ帰った方が、
幸せじゃないですか！

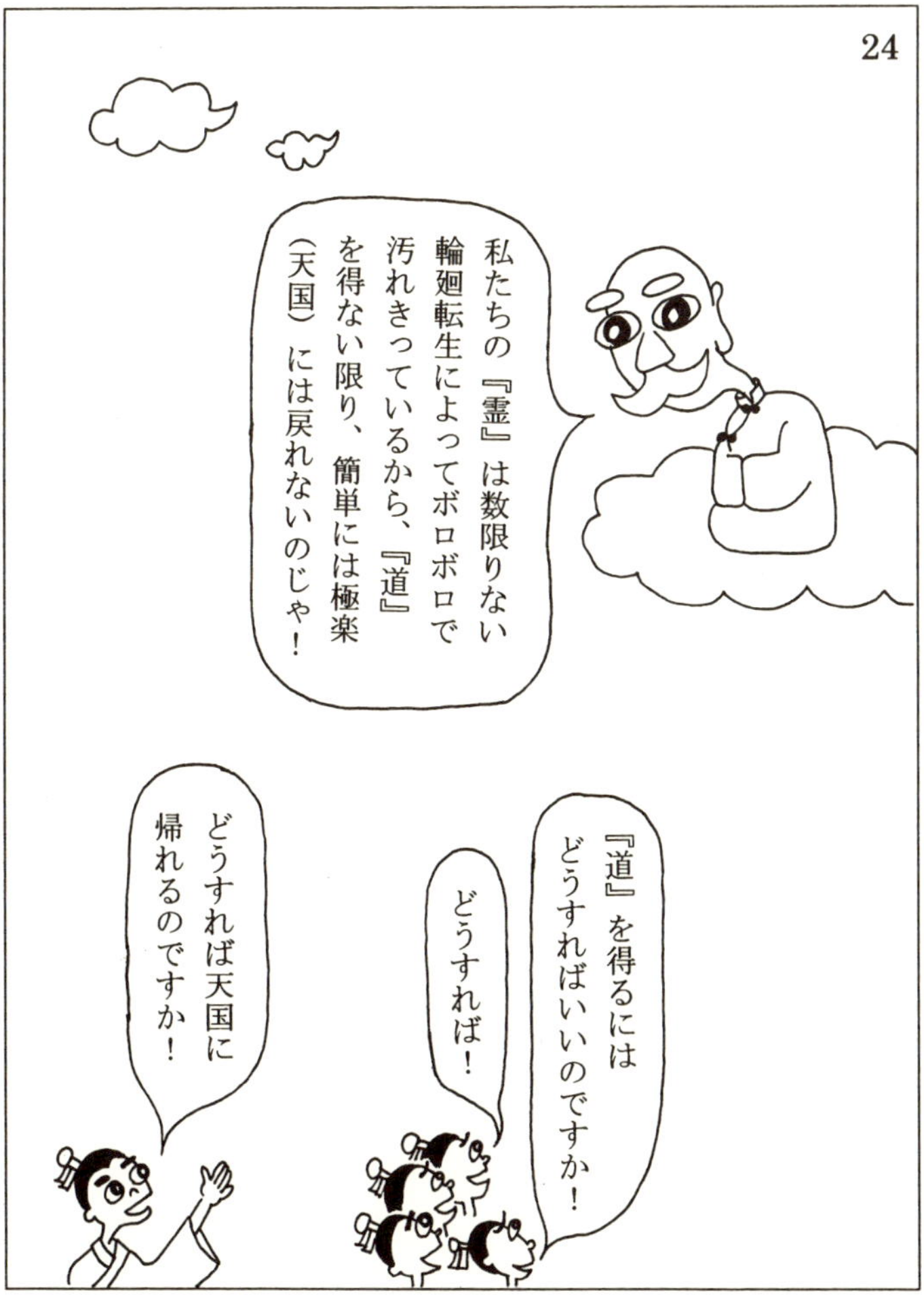
24
私たちの『霊』は数限りない輪廻転生によってボロボロで汚れきっているから、『道』を得ない限り、簡単には極楽（天国）には戻れないのじゃ！

『道』を得るにはどうすればいいのですか！

どうすれば！

どうすれば天国に帰れるのですか！

25
『得道《とくどう》』によって、私たちの『心』が神経精神という『神』の心に、よみがえれば三世因縁の苦しみから逃れられるのですね。
皆の『心』を回復させ、そして悟らせて、元の清浄な『心』に戻すことを「道を得る」というのじゃが、すなわちそれが『得道《とくどう》』というものじゃ！

26
今現在、三世因縁を背負い人生を歩んでいる最中だから、苦しみから完全に逃れるわけではないが、大難は中難に！中難は小難に！小難は無難に！このように苦しみを軽減することができるのじゃ！
いいなぁ〜『道』を得たいな！
ということは、今の人生も、ずいぶん楽になるということですよね！

27
でもどうして『道』を得ると三世因縁から逃れられるのですか？わかるように説明してください。
そうじゃ！この世はキッチリと計算されて創造された法則の世界じゃから、数も、漢字も、言葉も、何もかも理屈が通るように作られておる。
だから、幸せになるには、幸せになるための法、すなわち『道』があるのじゃ！

28
この世は理の世界じゃ、
その理の文字から
『一』を取ると
埋もれる字となる。
つまり私たちは『一』を
抜かれて極楽から
この世に下ってきたのじゃ。
だから、極楽に帰るには、
『一』が必要なのじゃ！
その『一』は天と私たちをつなぐ
『道』だから、『道』を得ることを
『得道』というわけじゃ！
理の文字から
『一』を取ると
埋か、？？？
まったく哲学だな！
道
道

29
極楽へ帰る『道』は、悟りの道といって、謎かけと同じなのじゃ！人間が修行して『悟りを開く』のではない。れっきとした『法』がある。だからお釈迦様は、その法のことを『正法眼蔵《しょうほうげんぞう》』と言い遺しておる。それが『得道』なのじゃ！
得道
だから字で『道』を説いているのですね。

30
だから釈迦誕生のおりに『天上天下《てんじょうてんが》唯我《ゆいが》独尊《どくそん》』と言ったと伝えられている。聖人が「我一人尊い」などとは決して言わない。これも謎で、天上と天下の上と下の文字の互いの一つをつなげば「卡」の字となる。漢和辞典によれば「道の上下する難所、関所」とある。つまりその関所が〃悟りの門〃なのじゃ！
「我独り、その尊い法を持っている」という意味ですね。字にはそのように深い意味があるのですね。

31

天上天下《てんじょうてんが》唯我独尊《ゆいがどくそん》

上下を合わせると

卡の字［十］となる。

会の意で、

上と下を合わせて、

道の上下する要所の

意となります。

つまり、天上界（極楽）か、

下界（地獄）か

32
霊が極楽に戻るか、地獄に帰って輪廻を続けるか！それを選ぶことができるのは、人間に生まれた時だけじゃ！人間は永遠の幸せを求めて必死に働くが、永遠の幸せは楽を極めるといってな、極楽天にしかないのじゃ！
でも？人が死んだ時天国に行った、極楽に帰ったといっていますよ！
『道』を得れば、この一生が終わった時に親神様のところ極楽天に帰れるのですか？

33
天国に行った？極楽に帰った？
それが大きな誤解じゃ！
だから、どこの宗教でも、
「来世は幸せに」と、いって
徳を積ませているではないか！
来世に幸せを願うことは、
生まれ変わるわけだから、
三世因縁の中にいる
ということになる…
結局は今と同じじゃないか、
苦の世界に舞い戻るわけか…

34
来世の幸せを願って、功徳を積むということは因果は切れていないということじゃや！
極楽天へは因縁因果があっては戻れないのですね…
早く『道』を得て極楽に帰りたいな！

35
『道』を得て、悟りを開くことで、
この一生が終わった時に
これまでの因縁は、すべて切れる。
これを因縁《いんねん》解脱《げだつ》というのじゃ！
どうして因縁が切れるのですか？

36
つまり大宇宙に対して
人間は小宇宙といわれるが、
ん…聞いたことがあるか？
大古《たいこ》の太極図《たいきょくず》
今の太極図
だんだん難しくなってきたなぁ…
哲学だな！

37
大宇宙には太陽、星、月がある。
そして小宇宙である人間の身体にも
太陽、星、月を意味する部分がある。
私の身体には
そんな名前が
付いた部分は
ないですよ。

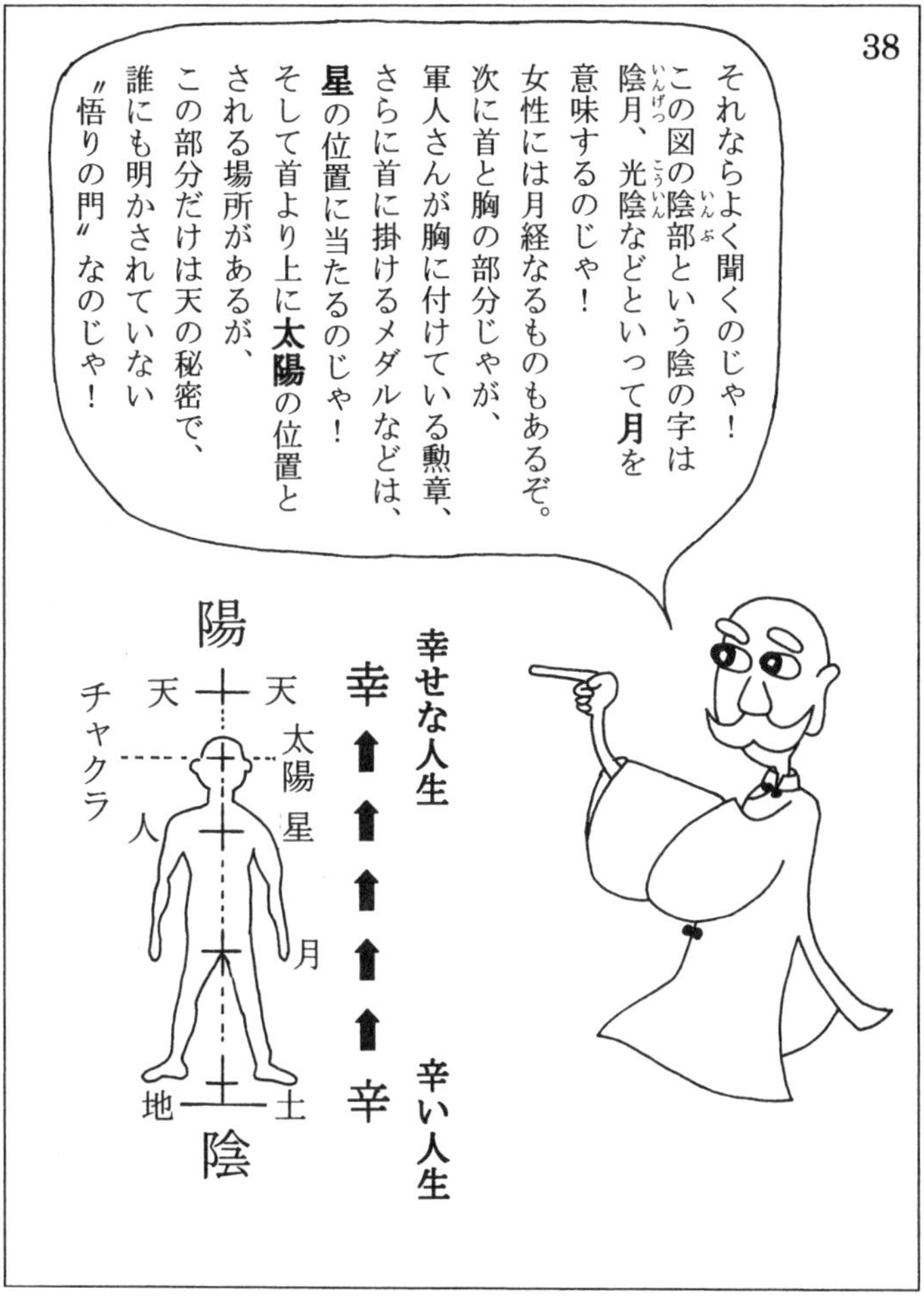
38
それならよく聞くのじゃ！
この図の陰部《いんぶ》という陰の字は
陰月《いんげつ》、光陰《こういん》などといって月を
意味するのじゃ！
女性には月経なるものもあるぞ。
次に首と胸の部分じゃが、
軍人さんが胸に付けている勲章、
さらに首に掛けるメダルなどは、
星の位置に当たるのじゃ！
そして首より上に太陽の位置と
される場所があるが、
この部分だけは天の秘密で、
誰にも明かされていない
〃悟りの門〃なのじゃ！
幸せな人生
幸
辛
辛い人生
陽
天
天
太陽
星
人
月
チャクラ
地
土
陰

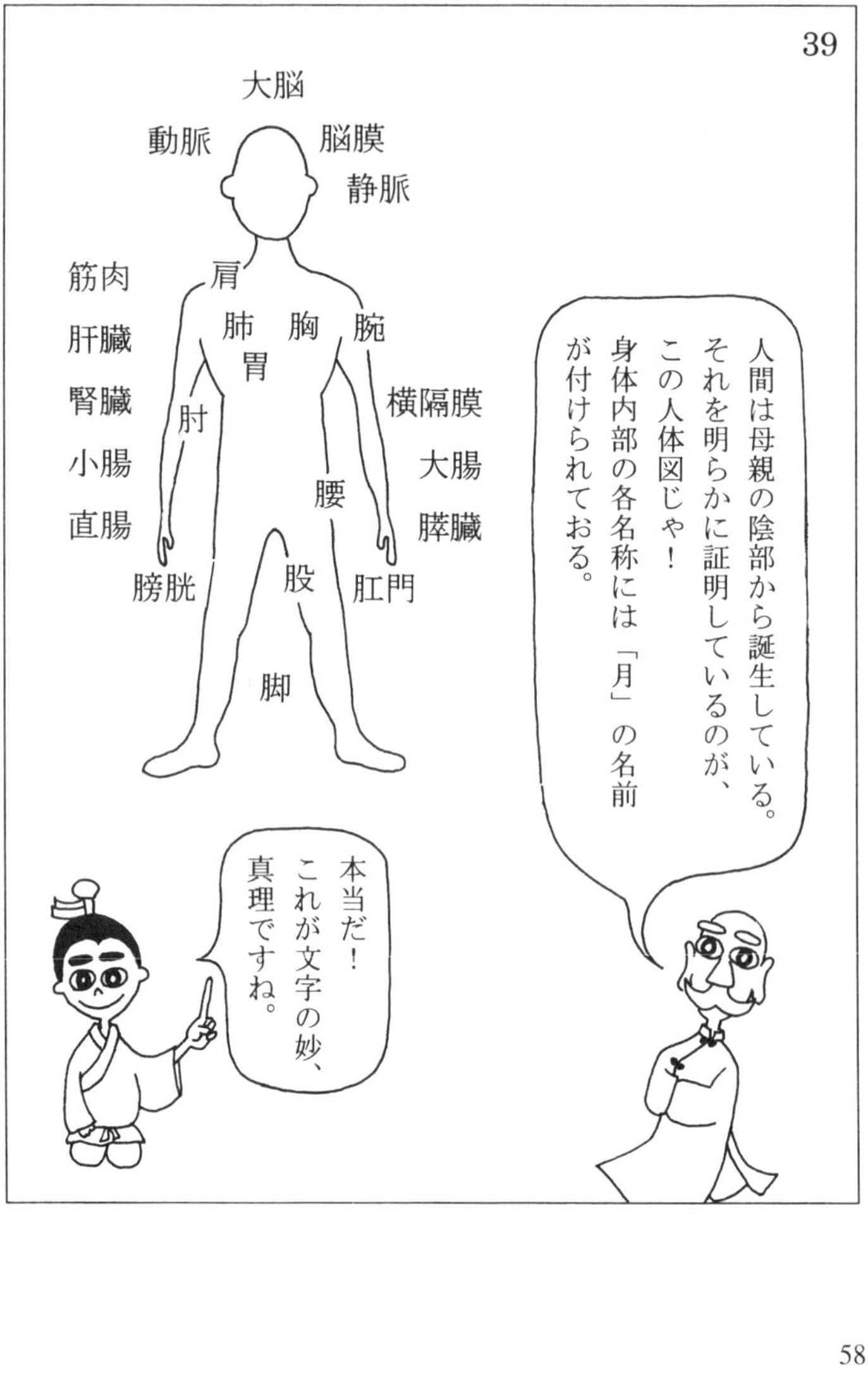
39
大脳
動脈
脳膜
静脈
筋肉
肩
肺
胸
腕
肝臓
胃
腎臓
横隔膜
肘
小腸
大腸
腰
直腸
膵臓
膀胱
股
肛門
脚
人間は母親の陰部から誕生している。それを明らかに証明しているのが、この人体図じゃ！身体内部の各名称には「月」の名前が付けられておる。
本当だ！これが文字の妙、真理ですね。

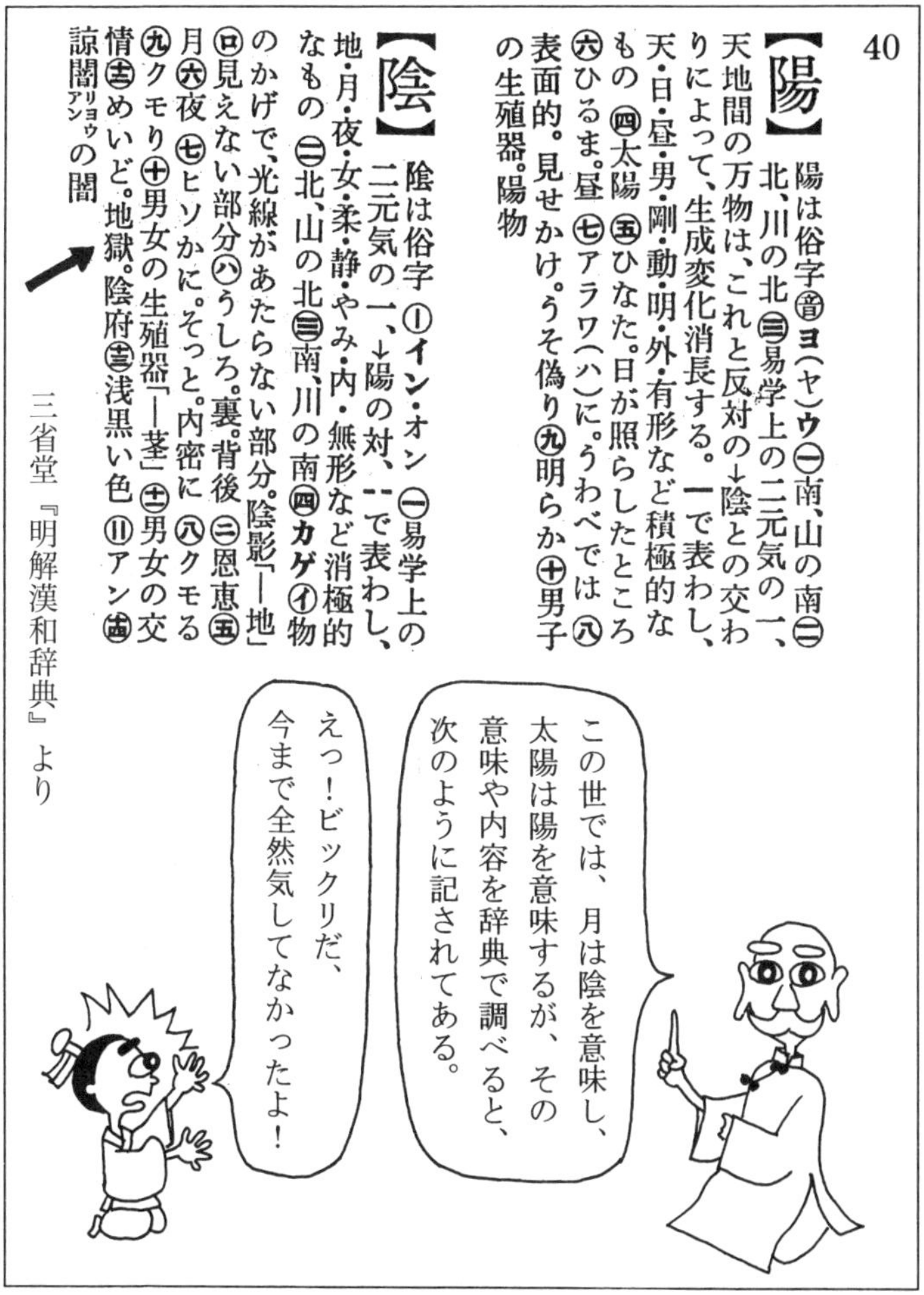
40
【陽】陽は俗字(音)ヨ(ヤ)ウ㊀南、山の南㊁北、川の北㊂易学上の二元気の一、天地間の万物は、これと反対の↓陰との交わりによって、生成変化消長する。⚊で表わし、天・日・昼・男・剛・動・明・外・有形など積極的なもの㊃太陽㊄ひなた。日が照らしたところ㊅ひるま。昼㊆アラワ(ハ)に。うわべでは㊇表面的。見せかけ。うそ偽り㊈明らか㊉男子の生殖器。陽物
【陰】陰は俗字(音)イン・オン㊀易学上の二元気の一、↓陽の対、⚋で表わし、地・月・夜・女・柔・静・やみ・内・無形など消極的なもの㊁北、山の北㊂南、川の南㊃カゲ㋑物のかげで、光線があたらない部分。陰影「─地」㋺見えない部分㋩うしろ。裏。背後㋥恩恵㊄月㊅夜㊆ヒソかに。そっと。内密に㊇クモる㊈クモり㊉男女の生殖器「─茎」(十一)男女の交情(十二)めいど。地獄。陰府(十三)浅黒い色(11)アン(十四)諒闇《リョウアン》の闇
三省堂『明解漢和辞典』より
この世では、月は陰を意味し、太陽は陽を意味するが、その意味や内容を辞典で調べると、次のように記されてある。
えっ！ビックリだ、今まで全然気してなかったよ！

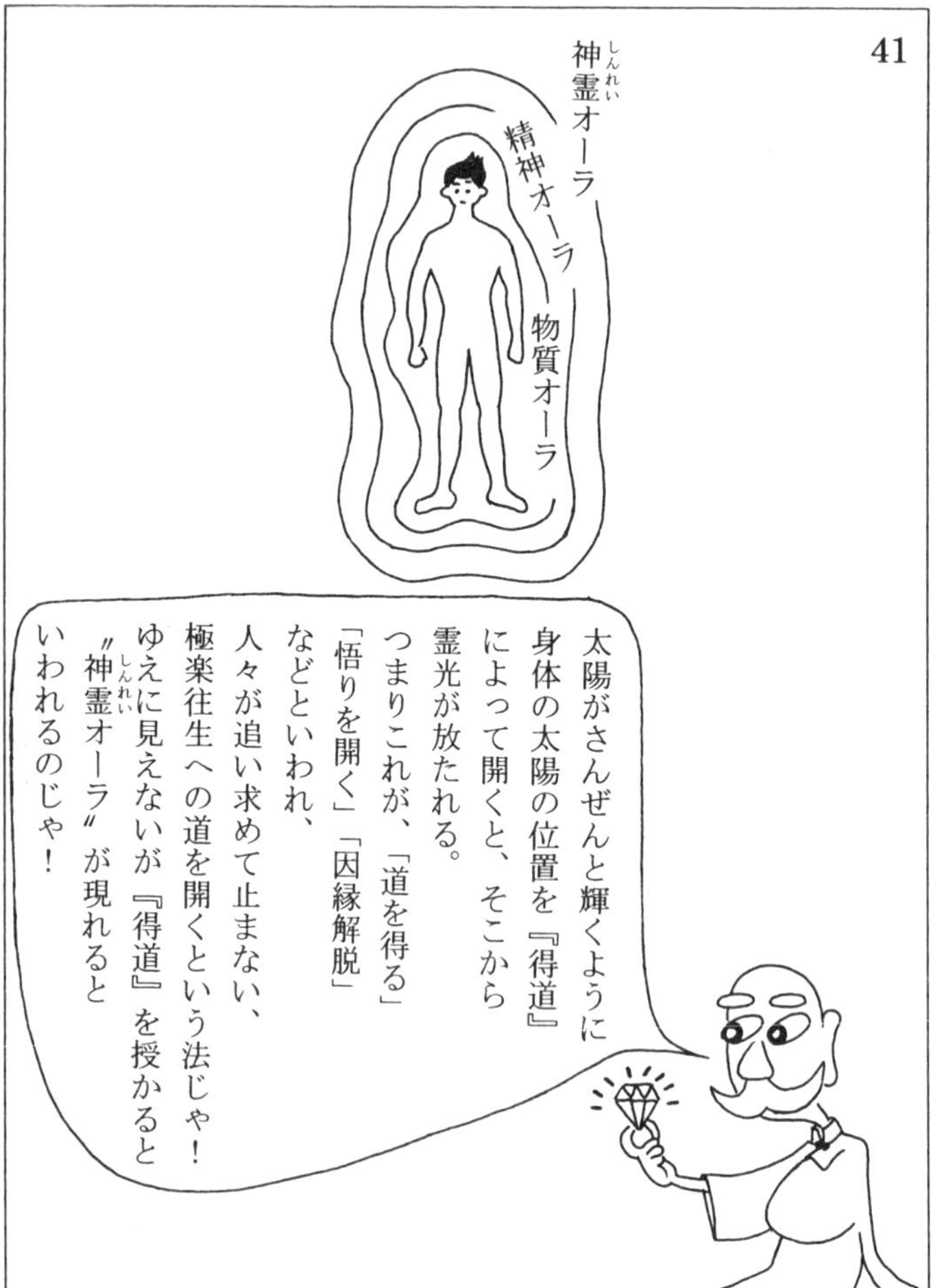
41
神霊《しんれい》オーラ
精神オーラ
物質オーラ
太陽がさんぜんと輝くように身体の太陽の位置を『得道』によって開くと、そこから霊光が放たれる。
つまりこれが、「道を得る」「悟りを開く」「因縁解脱」などといわれ、
人々が追い求めて止まない、極楽往生への道を開くという法じゃ！
ゆえに見えないが『得道』を授かると〝神霊《しんれい》オーラ〟が現れるといわれるのじゃ！

42
極楽天への道を開くには、天道の秘宝の『得道』を授からなくてはならない！お釈迦様はこの秘宝のことを『正法』といい一番弟子の迦葉尊者《かしょうそんじゃ》にだけ授け、他の誰にも授けていないのじゃ！
人々が幸せになれる『法』があるのに、どうして一人だけに授けたのですか！

43
そもそも人間は修行のためにこの世に降ろされているわけだから、この『正法』は一人の聖人から一人の聖人にしか伝えることが許されなかったのじゃ！でも今は、求める者がいれば、授けることが許されているのじゃ！
求める気持ちがあれば、授けていただけるのですね！しかし、太陽の位置とはいったいどこですか？それが悟りの門なのですね！

44
いったい、
八つ目の穴はどこに…
③
①
⑤
⑦
⑥
②
④
達磨大師《だるまだいし》という聖人の「七転び起き八起き」のお言葉を、世間一般の人は、何度失敗しても諦めずに頑張れば、必ず成功すると解釈している。しかし本当は人が死んだ時に、その人の『霊』が首から上にある七つの穴から出ることを「七転び」といい、三途の川を渡って生まれ変わることを意味し、八つ目の穴から『霊』が出ることができれば、「八起き」といって極楽往生することができるという意味じゃ！

45

涅槃妙心《ねはんみょうしん》、実相非相《じっそうひそう》、微妙法門《びみょうほうもん》のことで天機（天の秘密）で「教外別伝《きょうげべつでん》」といい、お釈迦様は『正法眼蔵《しょうほうげんぞう》』と称し、迦葉尊者だけに三つの宝『三法』を授けました。

◎以心伝心《いしんでんしん》
◎直指人心《じきしじんしん》
◎不立文字《ふりゅうもんじ》
（無字真教《むじしんきょう》）

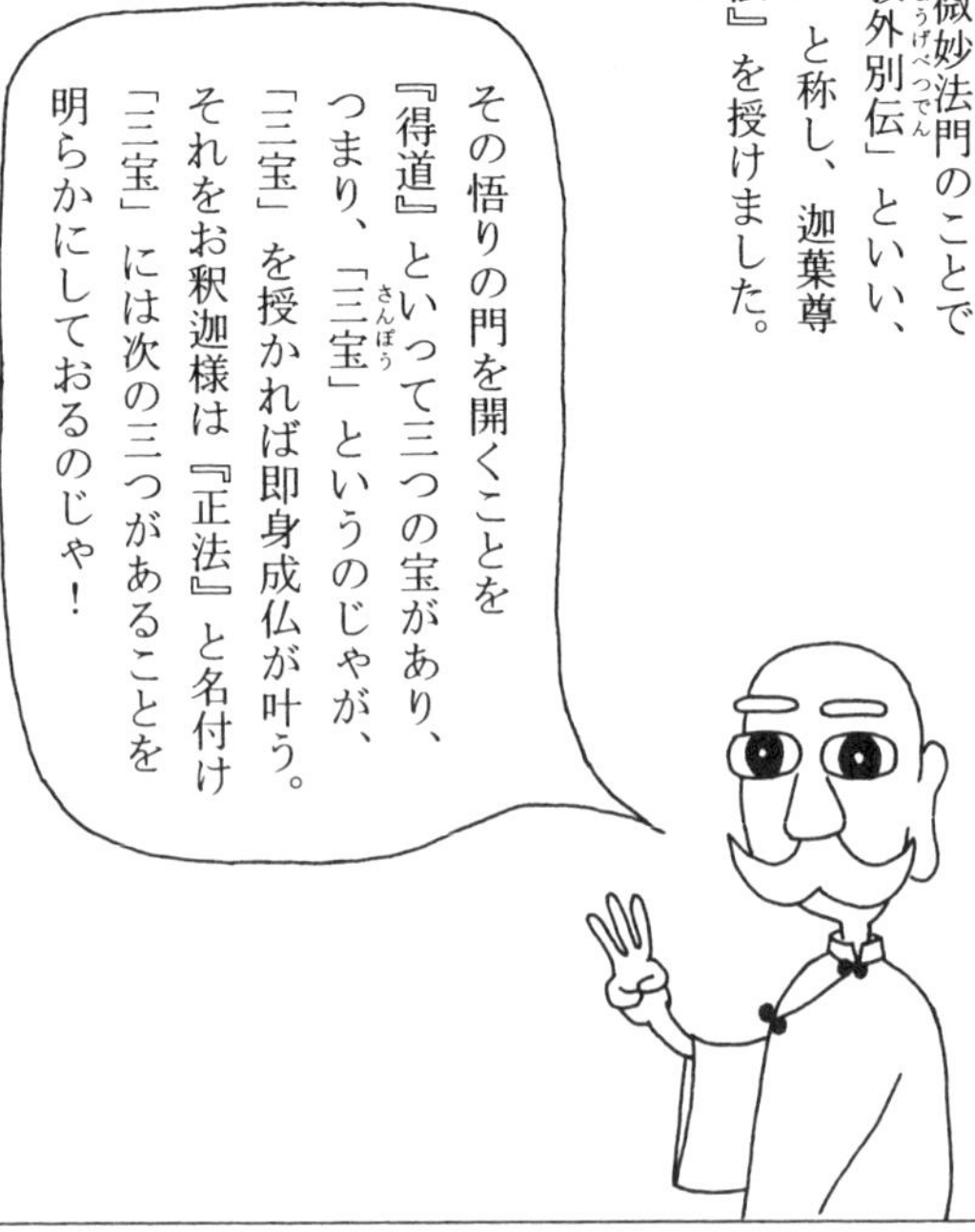

46
『得道』を授かると、
人の心は精神、神経と呼ばれる
ように神へと変心するので、
その身はあらゆる災難から守られ、
また日常生活も物事がスムーズ
に運ばれるということじゃ！
一生懸命がんばっても
できないものがなぜ、
『得道』を授かるだけで、
うまくいくのですか？

47
『得道』とは『一』を得ること、
つまり埋もれるの字に『一』を
加えると理の文字になるじゃろ。
理が通れば、物事はうまくいく。
『得道』とは、悪い因縁を切って
消滅させる「法」だから、よい因縁
が残り、自然とよくなるのじゃ！
道
そうすると今の境遇が
改善されるのですね！
病気も治るかな…

48
先ほども話したように、私たちは母親の陰部から生まれている。陰は冷たい、冷えるといって、根本的に病気になりやすいのじゃ。だがありがたいことに『得道』は、陽気を生むので冷たい陰気の身体を温め病気は自然と回復に向かい、健康が守られることになるのじゃ！
得
道
では、ケガや事故などはどうでしょうか？

49
もちろん大丈夫じゃ！あらゆる災難から身を守るといわれるからには『得道』を授かった多くの人が、大きな事故に遭ったり、大けがをするような事態に遭遇したとしても、ごく軽い状態で助かっている。
病気の母が『得道』を受けてくれれば、いいのになぁ！
もっともっと聞いてみよう！

50
よい因縁が残されているので、あらゆる問題が自然と改善されいい人との出会いがあって、次第に都合よく道が開けていくようになるのじゃ！
そうすると、人間関係がよくなりますね！

51
修道は大事なことじゃが、「天道」では、一切強制はしない。だが家族を守りたい、よくなりたい、悟りを開いたからには功徳を積んで霊性を高めたいと思うならば、道を学び、伝道してさらに霊性を磨けばよいのじゃ！普通は『得道』を授かるだけでよい！それも一生に一度だけでいいのじゃ！
得道
でも、功徳を積めば先祖や身内、家族にもいい結果を及ぼすことになりますよね。

52
お金は、みにくい争いや憎しみを生み出す恐れがあるものじゃ！その点『得道』は因縁解脱の法だから、悪い因縁を生みやすいお金を望まない。しかし伝道や運営をする費用がいるので、『得道』を授かる時だけ多少は問わないが、お金をお供えていただいておる。
そんなすごい『得道』を授かるには、ずいぶんたくさんのお金がかかりそうだ…いったい、いくらですか？

53
神は、
住む場所も、寝る場所も要らない！
飲んだり食べたりする必要もない！
もちろん、お金も要らない！
本当に授かりたいと思う気持ちが
あれば、金銭の多少は問わない。
老若男女、誰でも授かることが
できる。赤ちゃんも大歓迎じゃ！
なるほど、
誰でも授かることができて、
費用はいくらでもいいのですね。

54
だから、
『得道』を授ける天道では
会費も寄付も要求はしない。
あくまでも善意の行いで
運営しているので、
気にしなくていいのじゃ！
もしや！
『得道』を受けてから…
要求されるのでは…
ハッキリしておかないと！

55
天道の『得道』は悟りを開いて因縁を解脱する法だから、すべての信仰や宗教が求める根源なのじゃ！本来これ以上の教えはない！しかし、本人が納得できる教えがあるならば、『得道』を授かった後も続けて差し支えないのじゃ！
得道
天道では、『得道』を授かってても宗教をやめなくていいとおっしゃるのですね。
！
！

56
『一』なる悟りの道
いい、いい！
けっこう、けっこう！
私たちの天地宇宙は、
真理本意の世界じゃから
最終的に答えは一つじゃ。
教えが正しければ、必ず
真理に到達するはずじゃ！
正しい信仰には束縛も
強制も囚われもない！
あくまでも自由にしてこそ、
幸せは味わえるものじゃ！
『得道』を授かるだけで
あとは自由！！
これが本当の教えですね。

57
真理というものには姿や形はないのじゃ！『得道』を授かってみればわかる。にぶい者でない限り、授かる前と授かった後の変化に気づくはずじゃ！
そのようなことをいわれても個人個人に差があるし…もっとハッキリしたものはないのですか！

58
ある、ある、あるぞ、
『得道』を授かった者
皆、死後の硬直がない！
それにな、身体は生温かく
二日たっても、三日たっても
服を着替えさせることができる！
えっ！
私たちの信仰では
そのようなことはありません！

59
それについては、仏教の経典にこう書かれておる。『悟りを開いた者は死後の硬直がなくその身は生温かくして、夏でも腐らぬ』とな！つまりじゃ！『得道』を授かった者の、死に顔は、実に美しく、やさしく、時にはほほえみを浮かべている者もいると、これを大往生、安楽死というのじゃ！
そ、そんなバカな！

60
一般の宗教界では
承知していることだが
そのような結果が得られない
からこそ、来世の幸せを願って
生まれ変わることを、
信仰の対象としているのじゃ！
でも、これまでの信仰では
一生懸命「功徳」を積めば
極楽浄土が叶うと、教えら
れてきました…

61
もともと、宗教の教えは悪いわけではない。
人々を天道に導くのが宗教という教え
じゃからな！しかし残念なことに、
『得道』なる法を持っていないので、
『得道』を授けることができないのじゃ！
つまり、人間の究極の目的は、
悟りを開いて極楽天に帰ることで、
現世利益の追求ではない。
それを取り違えてはいけないのじゃ！
つまり、今のままじゃ
極楽には帰れないということかぁ…
家

62
あなたが信じてきた所の信者さんや教えを説いていられる先生方がもし亡くなられたら、その身体が柔らかいか、硬いか、生温かいかどうか、さらに二、三日置いて、服を着替えさせることができるかどうか！

それを確かめることができれば、その教えが正しいかどうかが知れる。

まぁ、硬直するかどうかだな！

これが極楽へ戻ったかどうかの目安となるじゃろう！

皆さんよく信じて頑張っているけどなぁ…

残念だな！

63
『得道』を授けて下さる方は明師《めいし》（點伝師《てんでんし》）と称される方だったが、亡くなられて天然古佛《てんねんこぶつ》という神様になられておる。

今は、その代理をされている臨時點伝師《りんじてんでんし》の方々がおられるので、その方々より『得道』を授かればよいのじゃ！

そのようなありがたい『得道』を授かることができる私たちはまことに幸せですね！

得道

64
天然古佛《てんねんこぶつ》様は達磨大師様から数えて十八代目のお方で、天地宇宙を創造なさった老中《ラウム》様の命により、すべての神佛の中で、ただ一佛、天然古佛様だけが、その『得道』の秘宝を授けることができる。天道を、もっと知りたければ、『得道』を授かり、神からの妙知恵《みょうちえ》をいただけば、まことの信仰がどのようなものかよくわかる。
ありがたい！天然古佛様はお偉い方なのですね。
得道

第二章　天道の教えを説き明かす

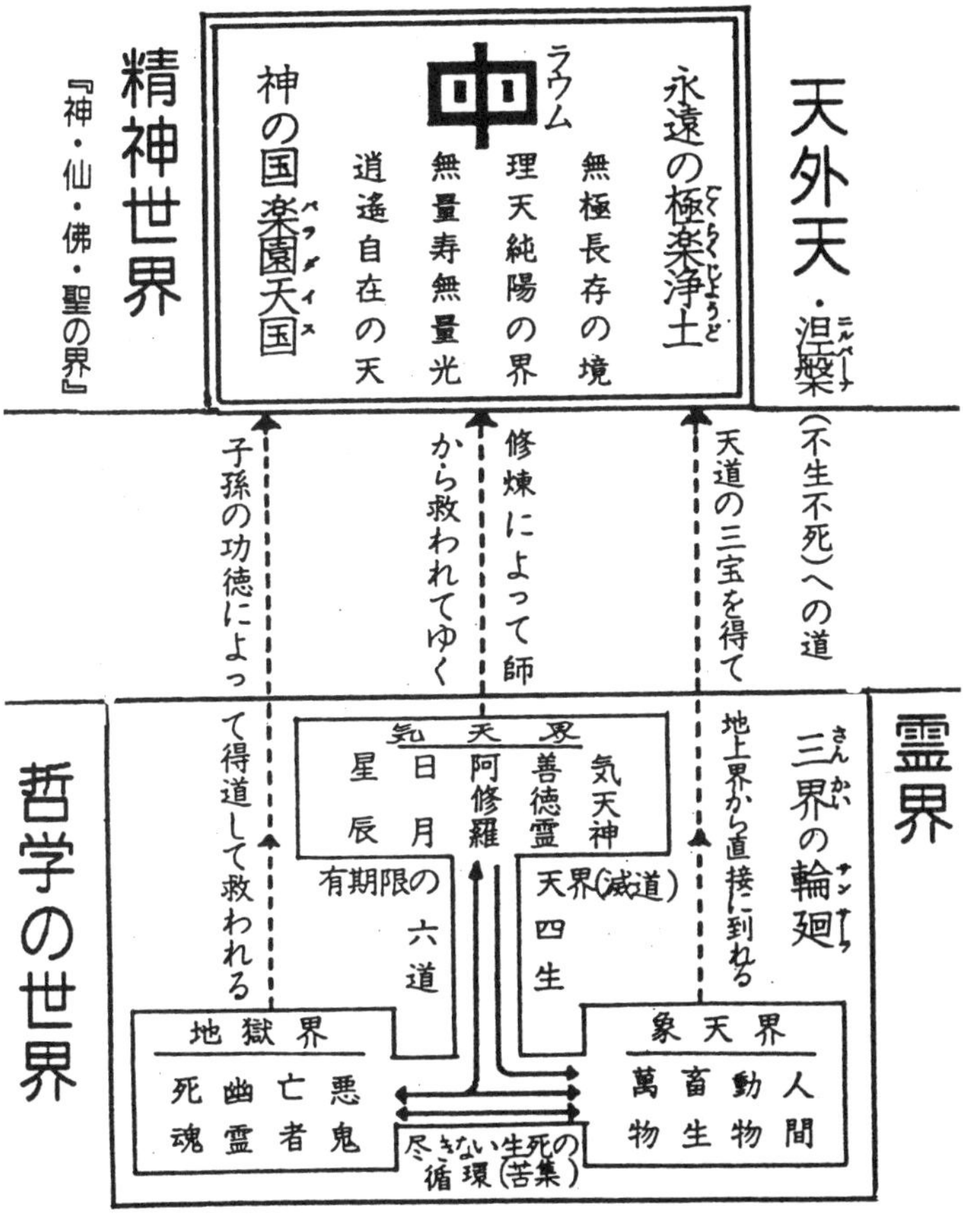
天外天・涅槃《ニルバーナ》
精神世界
『神・仙・佛・聖の界』
中
ラウム
永遠の極楽浄土《ごくらくじょうど》
無極長存の境
理天純陽の界
無量寿無量光
逍遙自在の天
神の国楽園天国《パラダイス》
(不生不死)への道
天道の三宝を得て
修煉によって師から救われてゆく
子孫の功徳によって得道して救われる
霊界
三界《さんかい》の輪廻《サンサーラ》
地上界から直接に到れる
哲学の世界
気天界
気天神
善徳霊
阿修羅
日月
星辰
有期限の六道
天界(滅道)四生
地獄界
悪鬼
亡者
幽霊
死魂
象天界
人間
動物
畜生
萬物
尽きない生死の循環(苦集)

形象文字に観る神・申《ラウム》（南無阿彌陀仏）

天地創造の神を探ると、宇宙の始まりは無（零《ゼロ》）から有への発現の始まり『一《いち》』つまり『一点《いってん》・』からの創造だと当然考えられます。

「**一可以為法則**（一《いち》は法則《ほうそく》を以《もっ》て為《な》る）」と荀子《じゅんし》の勧学《かんがく》にあり、また「**道生一**（一《いち》は道《みち》を生《しょう》ず）」と老子に言われます。

私たちの天地宇宙は、その一点『・』の『一』の超エネルギーによって創造され、そして、森羅万象が時の流れの中に循環運行されて万物が生じ生成化育されています。

この世での物事の成り行きは、眼《げん》・耳《に》・鼻《び》・舌《ぜつ》（口）・身《しん》・意《い》（心）の六識《ろくしき》で知ることができるように、神は人間に神の霊能（智慧）を具《そな》えさせると同時に、人間同士意思疎通が図れるように言葉や文字、つまり言語を与えてくださっているお陰で、学問なるものが広められ、数学や科学、生物学、天文学、文学、工学、医学、生命学、音楽など数多くの分野に発展させることができています。

そのすべての本となっているのが原始の『一《いち》』つまり天地創造の始まりは、一點《いってん》『・』

(灬5)

【点】 ㊔ ㊥ (黑5) **【點】** テン [琰] diǎn

[解字] 形声。黑と音符占《セン》〈テン〉（付着する意→沾《セン》）とで、小さな黒い「ぼち」、ひいて、しるしをつける、しらべる意。教育漢字は省略形による。

[意味] ①**テン**。**ぼち**。ぼちをつける。(ア)黒いぼち。(イ)目じるしのぼち。⑪時間を数える語。(イ)時鐘。時刻。時間。「一点小さなあと。「斑点《ハン》〈テン〉」(イ)時鐘」⑫一定の箇所・位置。「地点・氷点」⑬事項。事がらのある部分。「要点」⑭『数』位置だけあって大きさのないもの **テン**。

火　ひ　ひへん

灬　れっか　れんが

火をもとにしてできている、火の光や状態、火や熱の作用・結果を意味する文字のほか、灬を目やすにして引く無・為・燕などの文字を集める。灬は火が文字の脚になるときの形。

(ト3)

【占】 ㊥ セン ㊀[塩] zhān ㊁[艶] zhàn うらなーう　しーめる

[解字] 会意。占 トと口とで、うらかた（ト兆）に神意の吉凶を判断していう、ひいて、うらない問う意、転じて「しめる」意を表す。

[意味] ㊀①**うらなーう**（ーふ）。**うらない**（うらなひ）(ア)ト《ボク》・筮《ゼイ》などで事の吉凶をはかる。(イ)将来を予測する。②なりゆき。さだめ。「幽明之占」㊁(ア)場所につく。位置する。領分にする。拠《よ》る。(イ)もつ（有）。自分のものにする。保つ。

黑　黒　くろ

黑をもとにしてできている、黒い状態を表す文字を集める。当用漢字では黒の形。

(黒0)

【黒】 ㊔ ㊥ (黑0) **【黑】** コク [職] hēi,(hè) くろ　くろーい

[解字] 会意。炎（灬は変わった形。

からです。つまり、『二』を縮めれば『・《てん》』となります。
点という字は略体字で本字は**點**という字です。
本字の**點**は**里**《さと》と灬《れっか》と**占**の三文字で構成されています。
點の**里**《さと》と私たちが、ふだん使っている**里**の字を見比べてみると、その違いが歴然としています。
天地創造の原点は**里**《さと》の字にあるということになります。
続いて、灬《れっか》は炎のことで火を意味し、ほのお、ひかり、光と熱を発生する象を表しています。
本来、宇宙は火の玉で燃えているものですが、**點**に**占**の字があるように、その火の玉の宇宙を**占**の字が意味する陰《いん》⚋と陽《よう》⚊の氣、つまり陰陽水火《いんようすいか》の作用で温度調整していると解せば、陰陽二気☯の循環は雨を降らせて大気を冷やし、降った雨を地上の熱源で上昇させてはまた雨を降らせる、この循環の作用によって水火を調わせて万物を生み出し、そして育てていることが知れます。
また、**占**の字には「場所をしめる、領分にする、**道**、守る、保つ」などの意味がありますから、宇宙は陰陽の循環によって占められている、あるいは成り立っていると解することができます。

古聖は**『天は一を得て清くなり、地は一を得て凝《かたま》り、人は一を得て聖人になる』**の「地は一を得て凝《かたま》り」の文言は、易が示すところの「水火《すいか》調《ととの》い万物が生まれ育つ」の大地の創造と一致します。

それは**『天下《てんか》の万物《ばんぶつ》は有《う》に生《しょう》じ、有《う》は無《む》に生《しょう》ず』**で、創造の妙を語っています。

また**『道は一を生ず。一は二を生ず。二は三を生ず。三は万物を生ず。万物は陰《いん》を負《お》いて陽《よう》を抱《だ》く。冲気《ちゅうき》を以《もっ》て和《わ》を為《な》す』**とあるように、形象や事物は気の合体つまり陰陽の循環作用によるものですから数の合体でもあります。数学上からいっても数の始まりは『一』であり、宇宙創造の原始も有（形象）の始まりでもあります。

　原始の『一』は微々たる宇宙の小さなチリのようなものですが、有（形象）の始まりであり、またその有の本は無で〇《ゼロ》ですから宇宙

創造の起点を有無で言えば、〇《ゼロ》の一カ所を切って伸ばせば一となり、一を縮めれば「・」となり、さらに縮めれば消え去って無に帰します。

しかし、その原始の『一』だけでは万象万物を生み出すことができないので「一は二を生ず」で、陰《いん》╍と陽《よう》━の気で以て天地を創造し、そして、「**二は三を生ず。三は万物を生ず**」と創造の『**道**』を進めたわけです。

故に、「**いの一番**」という言葉があるように、「**い**」という字は陰と陽の二点『：』として見ればその二点の始まりは『一』、一點《てん》「・」という意味になります。

数式で言えば1×1＝1ということです。

言い換えれば易に「**円《えん》は三を以て描《えが》き〇、方《ほう》は二を以て描《えが》く**」とありますが、1×1＝1の**1と1と1**の三つが繫《つな》がれば〇《えん》となり、一カ所を切り横にすると一になります。

同じような意味合いで言えば、漢字の三は、辞典では部首一部に属す部首内二画で、総画数は三画となっていることからも証明されています。

また、三位一体《さんみいったい》、三人寄れば文殊の知恵なども、1×1＝1の**1と1と1**は一体を暗に示していることになります。

ちなみに、「**方は二を以て描く**」の場合は二方向：と：は互いに離れた象にありますが、その二方の点の中央に一点・を入れて三点∴にして繋げば一線（一）となり、その一線を四方に置くと□の方形が描けます。

二点‥を『一』にするには二点・・の間を中継する一点・が要るというわけで、またその一線（一）の両端を繋げば〇《えん》となります。

これは「**円は三を以て描く〇**」という理法上の理屈で、その一を縮めていけば『・』となり、さらに縮めていけば〝無〟零《ゼロ》（0）となります。

以上のように、**點**の字の構成を一つ一つ切り離してその意味を探っていくと、天地創造という事の起こりが明らかになってきます。

この世宇宙は天の理法によって幾何学的に創造され、そして、操作されている確証がそこにあることになります。

これを老子は『**無名《むめい》は天地《てんち》の始《はじ》まり。有名《ゆうめい》は万物《ばんぶつ》の母《はは》なり**』と言われ、どんな大きなものでも無名の道より生じたものですから、有名（名称がある万物）は無名の道から見ればはるかに小さいものだということが分かります。

無は、無一物ですが、無量光《むりょうこう》、無量寿《むりょうじゅ》、無限大、無制限に物を生み育てて、それをとこしえに超越して宇宙間に存在しています。

始めもなければ終焉《しゅうえん》もなく、常在《じょうざい》して変わらず、物を養って遺《のこ》さない真理本位の天を**無極**《むきょく》と称しますが、そこは真空妙有《しんくうみょうゆう》の天で、**理天**《りてん》と称し最上極楽の浄土で、天堂《てんどう》とも楽園とも言われます。

天地創造の根源である理天は、一點・の一陽《いちよう》より生じた陰陽二気の循環運行を以て靈《れい》界《かい》（霊の旧字には口が三つ）と言われる三界《さんかい》（気天界・象天界・地獄界）を貫いて厳然と管理監督して余さず、常に宇宙三界に常住して変わらず、物を養って余さず、始めもなければ終わりもなく天地日月星辰をはじめ、万象《ばんしょう》四季八節を運行し続けています。

理天極楽は天地が未だ判然としていない以前から存在していますが、1×1＝1のその**1**が天地宇宙の形象の始まりで、それを世の科学者は、天地創造の混沌時《こんとんじ》の始まり、ビッグバンを語るだけで、宇宙創造の主体源の無極（理天極楽）を語りません。

無極は無死無生で寂然《せきぜん》として未だ陰陽の気が存在しない純陽で汚れのない境地にあり、そこは空であり無ですが、有為形象の宇宙を創造したその原動のエネルギー源は無限、無量、無寿にして万物の生命を保ち育みながら成長させて微々たるところも遺さないので、宇宙の本体は**道**であり、**天**であり、**無**であり、**空**であり、**妙**であるわけです。

それを老子《ろうし》様は、

『吾《われ》はその名を知らない。強《し》いて謂《い》うなら名は大道《だいどう》である』

と創造の妙の呼び名を大道と称し、そして、

『大道は無形で天地を生育し、無情で日月を運行し、無名で万物を長く養う』

と言い、また孔子様は大道を天と称して、

『春・夏・秋・冬を行い、百物《ひゃくぶつ》を生じても天、何をか言うや』

と感嘆をもらしています。

その天の摩訶不可思議《まかふかしぎ》さを言い顕《あらわ》す言葉がないので、その最高尊称として『一』と尊称していますが、その理天極楽の主であらせられる親神様を天道では、**萬霊真宰無生《ばんれいしんさいむせい》老中《ラウム》**と尊称しています。

親神『中《ラウム》』の文字はすでに神々の時代と言われる万古の昔から世に示現しておりますが、目に見えて人に知られるようになったのは中国の夏《か》の時代から殷《いん》の時代にかけての遺跡に出土していることから観《み》ても、その存在は確かです。

『中《ラウム》』の文字は形象とされ、時代考証はハッキリしませんが、文字と思われる符号は、新石器時代の遺物に、甲骨文字に顕れた諸現象を象徴化したものだと言われます。

中国の伝説では、神々の時代とされる太古の皇帝伏羲氏《ふくぎし》が鳥獣の骨や地上の産物に顕れ

炭石青銅　飾金具　二里頭文化四期　長14.2cm　幅9.8cm
読売新聞出版「中国王朝の誕生」より

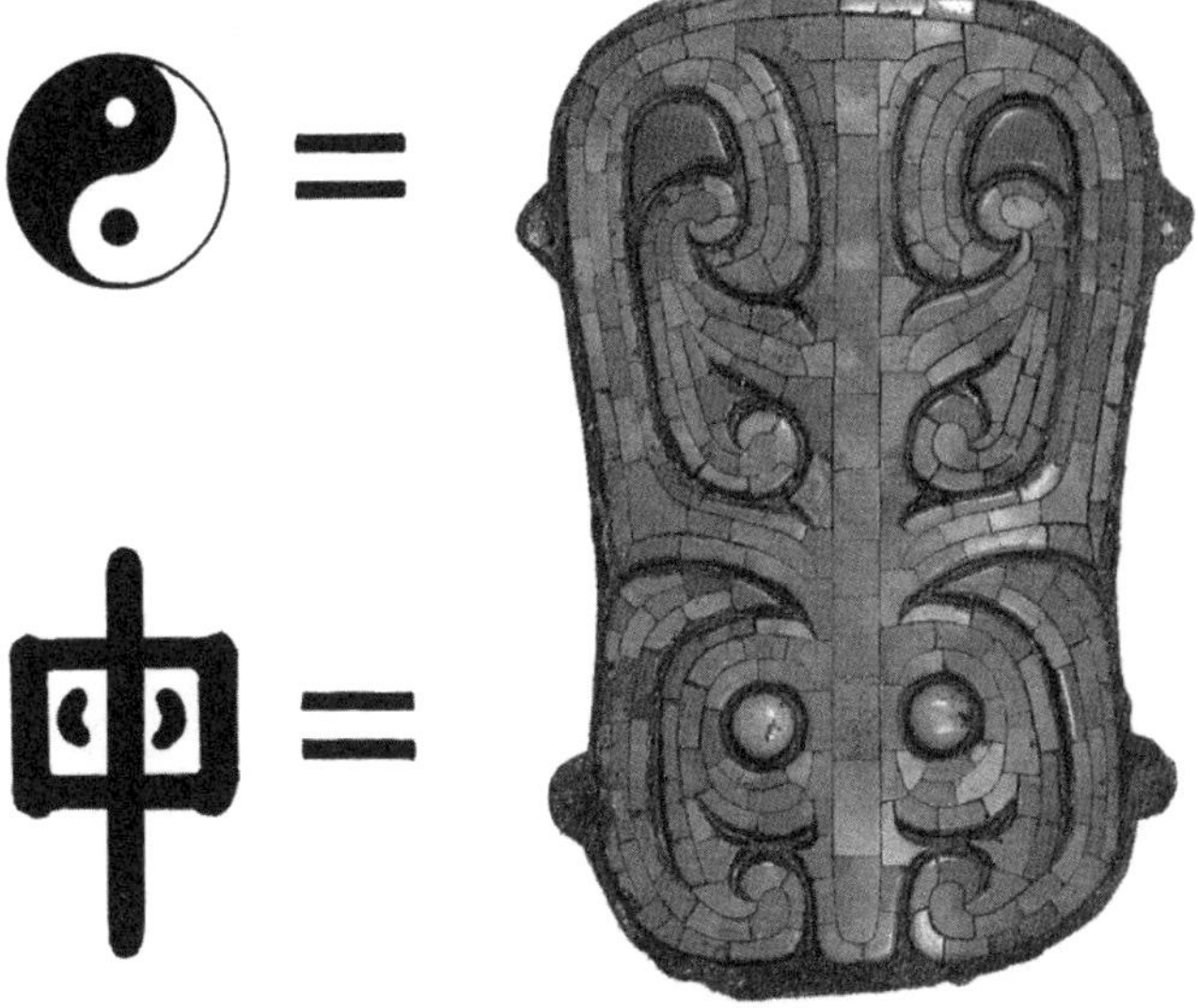

青銅緑松石（トルコ石）象嵌《ぞうがん》獣面飾
（二里頭文化期）

た割れ目や筋目を観察して、諸現象を文様に見て八卦《はっけ》を作り、次いで神農《しんのう》が人々に意思伝達のために、結縄《けつじょう》（縄の結び方）で意思疎通を図る方法を案出し、その後黄帝《こうてい》の史官の倉頡《そうけつ》が文字を発明したと伝えられていますが漢字の起源は定かではありません。

　最古の漢字は殷《いん》の都の跡から出土した約十万片の占いに用いた甲《こう》骨《こつ》・牛骨に刻まれている甲骨文字と、また殷遺跡から出土した青銅器にあった殷金文字《いんきんもじ》だと言われます。

＜好評開催中＞

黄土に咲いた歴史とロマン

特別展 中国王朝の誕生

夏・殷・周時代の遺宝

5月30日(日)まで　大阪市立美術館（天王寺公園内）
月曜休館、ただし5月3日は開館、6日（木）は休館

嵌石青銅　飾金具
（二里頭文化期）

四千年前から紀元前三世紀にかけて、黄土の大地に栄えた「夏」「殷」「周」三代の壮大な文化の流れをたどる展覧会です。中国社会科学院考古研究所所蔵の華麗な文物百五十余点で各時代を紹介しています。

第一室のテーマは「夏王朝の探求」。いまだ実在が確認されない幻の王朝を追って調査した山西省・陶寺と河南省・二里頭両遺跡出土の文物二十数点を展示。「夏」時代の遺物の可能性が強い「陶角」、トルコ石をはめこんだ「青銅　飾金具」は時を越えた美しさを伝えています。

続く「殷」王朝のコーナーは第二十二代の王武丁の妃（きさき）、婦好の墓の出土品が中心です。かわいい骨製のカエルや長い尾が優美な玉の鳳凰など女性らしい副葬品、中国史上最高レベルといわれる大型青銅器類、漢字の源流、甲骨文字が刻まれた亀甲や牛骨が目を引きます。

「周」時代では、西周と東周（春秋戦国）の両時代に分けて「獣形尊」など芸術性豊かな文物を並べています。

＜入場料＞一般一、〇〇〇円（八〇〇円）高大生七〇〇円（五〇〇円）小中生四〇〇円（三〇〇円）カッコ内は二十人以上の団体料金。

【後援】外務省、文化庁、中国大使館など【協賛】関西電力、大阪ガス【協力】日本航空、JR西日本

＜主催＞中国社会科学院考古研究所、大阪市立美術館
読売新聞大阪本社、読売テレビ

読売新聞より

その殷《いん》の都の跡から出土した中に、辞典に見られる『中』の文字は、「母」という字の形象文字として載っています。

(母0)
【母】教当 慣ボ 漢ボウ 呉モ 有 mǔ ― はは
解字 象形指事。 女()に乳房をしめす点を加え、「はは」の意を表す。
注意 毌カン(=つらぬく)・毋ブ(=ない)は別の字。

※出典……旺文社『漢和中辞典』(以下、漢字説明部分すべて同じ)

また中の文字は女の字でもありますから、その女の字の形象文字にもあります。

(女0)
【女】教当 漢ジョ(ヂョ) 呉ニョ 慣ニョウ 三漢ジョ ― 日語 nǚ 二御 nǚ 語 rǔ ― おんな め むすめ
解字 象形。 ひざまずいて手をかさねた女性のさまで、「おんな」の意を表す。
意味 日 ①おんな(をんな)。め。↕男。(ア)婦人。
参考 ①平がなの「め」は、女の草書体、「メ」は「め」の省略形による。

中の文字は前述している「點」の「里《さと》」という字に見られますが、それは紛れもなく、

天道で尊称し信奉している『中』の文様と同じです。

『中《ラウム》』は天道では、真にこの世に存在する人間をはじめ、すべての生命ある生物を生み育て、そして主宰しているので〝**無生《むせい》老中《ラウム》**〟とも称しています。

〝**無生**〟とはこの世には一度も生まれていないという意味で、〝**萬霊《ばんれい》の母《はは》**〟ということになります。この世に誕生したことのある各仏や聖人を含めて、人間は皆母親の陰部から誕生していますから、当然肉体の親がいます。

無生老中はその肉体に生命を宿す霊の親神さま、**中《はは》**であらせられます。

当然、原始の母であり、すべての霊の一番先祖にあたるわけですから、その遺伝子はすべての霊に内在しています。

つまり、**中**なる天、一**陽**は天地宇宙を創造しそして「**一は二を生ず**」で生み出した陰陽二気で以て天地自然を創造すると同時に、生み出した万物の中に宿り内在しています。

また、人間も然《しか》りで**中**は人間の霊を生み、人間の内に宿っています。

ですから、天性《てんせい》（本性《ほんせい》・霊性《れいせい》）とは人間の内に宿った天のことを言います。

中＝人間の天性（本性・霊性）となります。

天性の1と1（陰の気）×1（陽の気）の三位一体の構成体が人間で、取り分け人間は純度の高い気で構成されています。他の禽獣類《きんじゅうるい》や魚類や虫類は四生《ししょう》と言われ、一応天性の1＝1（陰の気）×1（陽の気）の構成体ですが、汚れた気で構成されています。

四生は純度が低いので、智恵は一徳と言われ、一つのことをするには長けていますが、考えて道具を使う知恵はない生き物だということになります。

ちなみに人間は、「孝《こう》・悌《てい》・忠《ちゅう》・信《しん》・礼《れい》・義《ぎ》・廉《れん》・恥《ち》」の八徳が具《そな》わっているので、万物の霊長と言われ、この世では最も神に近い存在にあります。

ですから、中と人間とは切っても切れない続き柄で繋がり、決して別個のものではないのです。

その人間をはじめ、生命あるすべての生き物の頂点に君臨する中の里《さと》、つまり極楽浄土は宇宙という法輪の外にあって無の世界（無極《むきょく》）ですから、決して見ることは適《かな》いません。

世人は「いの一番」つまり太極《たいきょく》⊙の一点を宇宙創造の始まりだと知っても、その主体源である宇宙の本体（〇）を創造した無極〇《ゼロ》（零）が理天極楽の涅槃の境地だということを知りません。

無極は無死無生で、陰でもなく陽でもなく、また無でも空でもなく空であり無でもあり、歴然と常在して変わらず物を養っているので、いかなる微粒の原子の中にも充満して天の妙を発揮して余さず、常に偉大なる力を以て絶えず働いています。

中は無量寿、無量光、無限大、無制限に超エネルギーを有している全知全能の神様であられますから、**理天の一點・の働きが**『**天道**《てんのみち》』**という陰陽二気**となって森羅万象を循環運行し、そして万物を生成化育し、人間をはじめ、生命体を主宰《しゅさい》しています。

その中の神意を証明しているのが、次の太極図です。

万物のことごとくは　そのすべてに
はじまりがある。

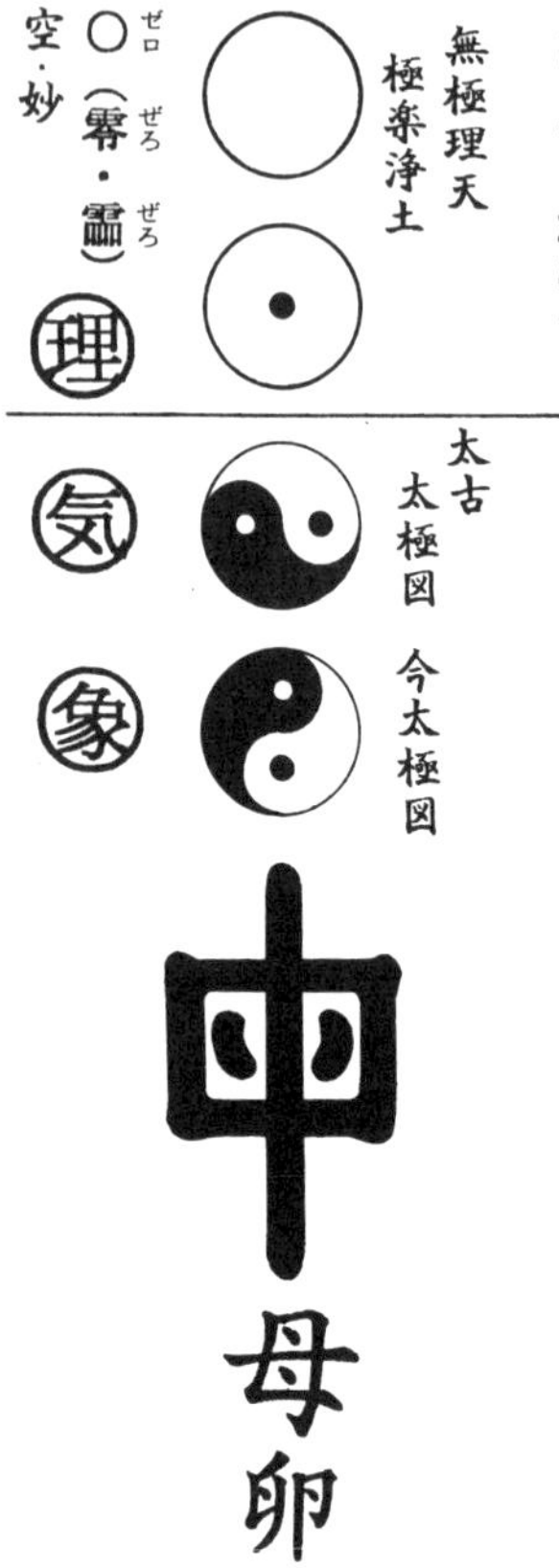

これを説明すれば、太古《たいこ》の太極図《たいきょくず》☯の陰（黒）と陽（白）の境となっている〝〜〟の線を真っ直ぐに立てれば⦶《ラウム》の象になります。しかし、漢字には○の字はなくすべて□で表されていますから、⦶《ラウム》の文様は漢字にはなく、中に変化して世に現れています（ちなみに今の太極図は☯です）。

中は先天つまり理天極楽の大神ですから、中が森羅万象、万物を生み出したということで陽から陰ですが、その先天に対する後天の**母**は子供を陰部、つまり下から産みますから、中の文字は陽から陰へと反転して**母**の字と化しています。

純陽で汚れのない中《ラウム》の子、**本性**は陰陽の霊界では生きることができないので、人の体を借りて肉体を持つ母親の陰部から誕生するわけですから霊性《れいせい》とも称されます。

それは中《ラウム》の子、**本性**が道を修める場として、まず霊界に住まうに適合した人間の身体を生んでいただき、そしてその身体の〝**霊**《れい》**の正門**《しょうもん》**・玄関**《げんかん》〟から**本性**が入って性命が誕生することになります。

霊の本字は〝**靈**〟で、字の上部の霝《ゼロ》は零《ゼロ》の別体（同じ意味の字）ですから、人間の靈は無、零（0《ゼロ》）からの誕生ということになり、その霝《ゼロ》の下に**巫**《みこ》つまり神の使いだということが示されています。

(雨7)【霊】㊐ (雨16)【靈】 漢レイ 呉リョウ(リャウ) líng 青 ― たま

解字 会意形声。⿱霝王 靈 巫(みこ)と霝《レイ》(零の別体。くだる意)とで、神霊を降下させるみこ、転じて「たましい」の意を表す。一説に、⿱霝玉が本字で、形声。玉と音符霝《レイ》(清らかで美しい意↓令《レイ》)とで、もと、玉の清らかさの意という。当用漢字は省略形による。

異体 [灵]は俗字。[灵]は俗字・簡化字。

意味 ①みこ(巫)。「思二霊保一兮賢姱」〔楚辞・東君〕②かみ(神)。「神霊」③**たま。たましい**

このように、霊の本字〝靈〟の字をひもとくと、天地創造の親神**老中**との親子関係が知れます。

その〝靈〟の字にある口三つは気天界《きてんかい》・象天界《しょうてんかい》・地獄界の三界という三つの霊界に対応できる靈という意味合いが含まれています。そのうちの陰陽の世界と言われる陰主導の人間世界で、我々《われわれ》はその性命《せいめい》(霊性)を養い修めているというわけですが、亡くなると「**喪**に服す」の**喪**の字には口二つ、つまり象天界《しょうてんかい》の人間世界から去って気天界か地獄界へ逝ったことを意味しています。

漢字もまた天の理法に従って創作されたものですから、一文字一文字に物、事の表現が見られます。またさらに、漢字を解体してその漢字の構成から物、事の内容や意味の成り立ちが推測されるのも当然なわけです。

そのように、真実の証しはごく自然にそこにありますから、卵という字も太極図《たいきょくず》☯を見取って作られたとしても何ら不思議ではありません。

中の文字も然《しか》りで、漢字の始まりとなった鳥獣の骨や地上の産物に顕《あらわ》れた割れ目や筋目に刻まれた文様から読み取られた象形文字ということになります。

それを歴史的に見ても、神々の時代と言われる古き年代の物だということは、五大宗教の道教・儒教・仏教・キリスト教・イスラム教が始まるはるか以前のもので、神の存在を伝えていることは真に確かです。

中の文様は他の象形文字にも多く現れ、辞典にも載っていますから、それをまずご覧ください。

天は万物を生み出し、そして生成化育していますが、「育」という字の古字である「毓《いく》」の介意《かいい》にも、中の文字は入っています。

これは天地自然の気が描き出した象形文字に他なりません。
また、**毓**の意味するところは論語の中の孔子の言葉に窺《うかが》うことができます。

(母8)**【毓】**イク yù 屋 ―〔会意。母親から子供が生まれるさま。〕育の古字」①うむ(生)。生まれる。「毓ㇾ災」②そだ-てる(-つ)。養う。そだつ。「毓ㇾ獣」《=育》

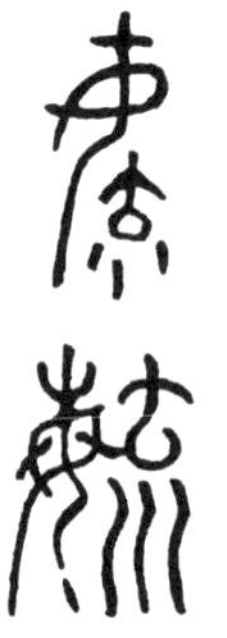

『天何《てんなに》をか言《い》うや、四時《しじ》行《おこな》われて百物育《ひゃくぶついく》す』

これはつまり天の道の行われているのをよく見るとよい。天は何も言わないけれども春夏秋冬の季節の巡りはよく行われており、そして天の力の中において「百物育す」――あらゆる物が育っていく。

天はそのように、すべての物を蔽《おお》って、すべての物を養っているということです。

その理法を遍《あまね》く施《ほどこ》す源は「**いの一番**」にあります。

「**いの一番**」の「**い**」のその先は五十音では〝**あ**〟つまり平仮名の「**あ**」ですが、「**あ**」は形象の始まり「**い**」の前にありますから、**無**、**零**(**0**)を意味します。その「**あ**」は「安」の草書の書体ですから、安心立命を願う**安**の字の会意にも**中**の象形は女と化してかかわっています。

(宀3)【安】教 当 アン 寒ān ｜やす-い やすらか

解字 会意。 宀（家）の中に女がすわっているさまで、落ち着く、「やすらか」の意を表す。

意味 ①やすん-じる（-ず） (ア)落ち着く。しずまる（静）。定まる。しずめる。「静而后安」〔大学〕 (イ)なれる（習） (ウ)満足する。あまんじる。「安レ貧」 (エ)たのしむ（楽） (オ)おる（処） (カ)おく（置）。すえつける。「安置」 ②やす-い（-し）。やすらか。↕危。(ア)しずか。おだやか。のどか。‖晏アン (イ)無事。心配がない。「居レ安思レ危」〔左伝・襄一一〕 (ウ)健康。ごきげん。「請安」 ③現安全。「保安」

このように、字源を探ればその形象文字には中《ラウム》の御姿《おすがた》が厳然と現れています。

中の愛は、私たち人間のみを育んでいるわけではありません。

この世に生きとし生けるものすべてに愛を放っています。

その愛は海よりも深く天よりも高く、情愛豊かで温かな中の母心ですから、生命の宝庫と言われる**海**という字の象形にも、**中**の御姿が明らかに現れています。

（氵6）【**海**】㊝㊔（氵7）【海】カイ 㗊hǎi｜うみ

解字 形声。 水と音符每《バイ〈カイ〉》（くらい意↓晦《クヮイ》）とで、黒ずんで見える深い「うみ」の意を表す。教育漢字は省略形による。

意味 ①**うみ**。㋐わたつみ。陸地を囲む水。↕陸。「四海」㋑うみの水。㋒湖水の大きなもの。「青海」㋓北京《ペキン》の池。「南海」㋔すずりなどの水をためるくぼみ。「墨海」②広く大きい形容。「海容」③物事の多く集まる所。「学海」④多く集まる

水に生命を育むものの多くは、**卵**からふ化した時には、生みの母はどこかに消え去って姿はなく、天敵から逃れながら自ら水に漂い、自ら生き延びなくてはならない定めにあります。

子育てをする魚類もまた天敵から子を守り育てるためには、水中に糧を求めて泳ぎまわる定めにあります。

そこで**海**なる**中**《はは》はその生命のすべてを自然の恵みによって育むのです。

天地自然のその姿は紛れもなく中《ラウム》の御姿、その愛すなわち『道』です。

『道』はすべてのものを生み出し、すべてのものを包容して止まないので、その愛は無限にして偉大だと言うほかありません。

『道』の働きは遍《あまね》く行われ、天地の養う力に漏れがありません。

それを**「人は地に法《のっと》り、地は天に法り、天は道に法り、道は自然に法る」**と言います。

「法る」とは、天理、地理、性理《せいり》(人)のすべて天地人は自然という気の流れに遵《したが》って、その働きを遂行していくその運命《さだめ》が言われます。

遵《したが》うは「したがいまもる。法《のっと》る」という意味です。

中は毎《つね》に、片時も、ほんのわずかでも、児女達《こどもたち》からは決して離れようとはしません。

何時でも、何処でも、**毎日《まいにち》、毎《つね》**にあなたの傍にいて、**中**なる母は見守り続けています。

(母2)【毎】㊑㊔ (母2)【毎】呉マイ 漢バイ ㊀賄 měi ㊁隊 méi ─ ごと つねに

解字 象形。もと、母が髪飾り（ ）をつけたさま。一説に、形声。草（ ）と音符母《ボウ》〈バイ〉（しげる意→茂《ボウ》）。借りて、一つ一つ数える（→枚《バイ・マイ》）、ひいて「ごと」「つねに」の意に用いる。教育漢字は省略形による。

意味 ㊀①ごと。…ごとに。(ア)そのつど。…にはいつも。「毎日」「毎ㇾ事問」〔論語・八佾〕(イ)…あたり。…につき。②つね（常）。つねに。いつも。「毎乎ㇾ

これがいわゆる〝天の徳〟というもので、天はすべてのものを生み出して、そのままに捨て置くのではなく、すべてのものを毎《つね》に見守り、皆が幸福になるように、皆がその處《ところ》に安んずるように『道』を広大無辺に限りなく働かせています。

毎《ラウム》の徳は無量寿、無量光、無限大に発揮されて、宇宙三界（気天界・象天人間界・地獄界）のすべてを網羅して余すところなく案じ見守り続けています。

これが天の無言の行いです。

それを天は無情と言われても、毎日毎時余すところなく毎《つね》に安んじています。

中《ラウム》の文字に関する象形会意は漢字を掘り起こせば数多くありますが、以上の形象を見ても、肉体の母親が示す愛とは大違いで、その広大無辺の中の愛は、人間に生まれて人間以上の艱難辛苦を耐え忍んで道を極めた古の聖人でさえも、中の情愛を越えて人々に平穏無事を施すことは決してできません。

神仙仏聖であっても曾《かつ》ては人間に生まれていますから、人間は人間、難行苦行の成果が認められて、中の命を受けた明師《めいし》（點伝師《てんでんし》）から天道の『得道（正法）』を授かり、理天極楽の天堂（楽園）に帰り得たからこそ、神佛として崇《あが》められているわけです。

それが理解できれば、私たちが持つ**霊性**を、因果応報の絶え間ない苦の霊界から永遠の喜びが約束される理天極楽の境地に戻す天道の『得道（正法）』を一日も早く授かって、人生を安らかにし、そして老後の無事と安心を得て極楽浄土への成仏を叶え、生涯を終えることが肝要かと思います。

天道の『得道（正法）』を授かった者すべてが、霊の故郷である極楽浄土の天堂（楽園）に帰ることが叶いますが、法を授からない人たちはすべて四生六道輪廻を続ける地獄途に堕《お》ち、そして生死を繰り返す果てしない転生を続けることになります。

中に縁のない教えや宗教宗派はこの世で人間としていかに幸福に、いかに平穏無事

本性・靈の帰天図

天外天・涅槃《ねはん》
不老不死の世界
神靈
天界
ラウム
極楽浄土

中

佛《ぶつ》

大道・『道』
大往生
命（生きる）
神仙の世界
『神・仙・佛・聖の界』
逍遥自在の世界

悟りを開いて
三界を越える
⇑ 法《ぽう》 ⇑
因縁解脱
が叶う！

四生六道輪廻の世界

賞罰必罰《しょうばつひつばつ》
因果応報《いんがおうほう》
魂魄《こんぱく》・鬼魂《きこん》
冥界・鬼神
地獄

僧《そう》

靈界
三界《さんかい》の輪廻《りんね》
三途の川
善因善果《ぜんいんぜんか》
逝去
悪因悪果《あくいんあっか》
身（尸《しかばね》、屍《しかばね》）

に生きるかという迷いの「途《みち》」を、まことしやかに仏の教えとして念仏や経に求めさせ、またそれに重ねて縁起物に好運や幸福を求めさせて幸せを願うことを教えとしています。

「仏」という字は「亻《ニンベン》」と「ム《わたし》」つまり「人という私は仏である」という字です。

ちなみに僧侶の「僧」の字は「亻《ニンベン》」と「曽《かつ》て」、つまり「人は曽《かつ》て僧である」という字です。

その「仏」と「僧」の霊性を持って生きているのが、唯一人間であるわけですから、人間の「霊」の字の下には「巫《みこ》」の字が入っているのです。

ですから、人間が「仏」になるには仏法僧の『法』、つまり天道の『得道（正法）』が必要なのです。

俗世の宗教宗派は極楽浄土の涅槃に帰る**仏法僧の『法』**を持っていないので、三途の川を渡って彼岸《ひがん》へと導いていますが、そこは極楽浄土ではなく三途の川の向こう岸である三界の中の気天界（天上）のことを言っています。

彼岸は悟りの境地に達した者だけが往《い》けるところですから、その徳がない限り、彼岸に往生することはありません。

世の宗教宗派が言う彼岸《ひがん》と此岸《しがん》は、ただこの世とあの世の二極が言われているだけで、それはこの世の煩悩の世界から死後旅立ってあの世に逝っただけの話であり、決して因縁を解脱して極楽浄土に昇ったわけではありません。

仏教をはじめ、各宗教宗派では「功徳を積んで極楽天国に帰り、そして来世は幸せに生まれましょう」と言い、来世は良い人生になるようにと功徳を多く積むことを求め願わせています。

しかし、真の極楽浄土は永遠不滅の天界であり、始めも終わりもない無死無生、不老不死、超生了死と言われる真の極楽境で、二度とこの世人間世界に生まれ変わることがない楽園世界です。

極楽は永遠の生命を得て楽を極める境界ですから純陽で真の最高極楽の世界です。

つまり、宗教宗派で言われる彼岸は天道で言う気天界（天空）・象天界（人間界）・地獄界（地底）の三界の中の気天界（天空）のことで、いわば生前、良い因縁を積んできた人が死後に昇るところです。

そこは功徳の高低によって滞在期間も異なりますが、気天界（天空）にいる間は一時的に極楽の気分が味わえるので、俗世では彼岸としていますが、決して永遠に滞在することは許されていません。

各々の立てた功徳に対する報いの期間が尽きると、再び宗教に言われる「来世は幸せに」の人間界に転生出生しなければならない苦しみがあります。

極楽浄土は宇宙三界の法輪の中には存在せず、宇宙三界の外、天外天と言われる境界にあります。

ですから、それを悟った古の聖賢仙仏はわが身を顧みず難行苦行を厭《いと》わず「悟りを開く」つまり神霊という吾が心を、因果から解脱させて観自在菩薩《かんじざいぼさつ》（因縁のない自由自在の身）になるために修行し続けた結果、中《ラウム》から時の明師《めいし》（點伝師《てんでんし》）が遣わされて、天道の『得道（正法）』を授かったのです。

點という字には中《ラウム》の里《さと》が入っています。

その中《ラウム》の里《さと》への道『得道』を授けるのが明師《めいし》（點伝師《てんでんし》）ですから、早く縁を得て天道の『得道（正法）』を授かるべきです。

秘宝を授かれば、老若男女《ろうにゃくなんにょ》ことごとく老中《ラウム》の御慈悲に浴することができ、本性（霊性）が自然と目覚め、何事も無事に行えるようになるので、日々平穏にして人生が送れるようになります。因果応報によって起きる災難も小災に転じ、また小さな災難は無難に転じて鎮まります。

また、悩みや苦しみにおびえていた心も自然と収まるので、天道の『得道（正法）』以後の人生は、悪因悪果の因果応報から逃れて受けるべき悪害も最小限に止まり、これまでの不遇も幸運に転じていきます。

実相とは、非相とは

序文でお話ししましたように、私たちの人生は「空手で生まれ来て、空手で帰る」と言われていますが、人々はそれを実相と捉えて、充実した人生を得ようと苦労を厭わず暮らしています。

しかし、死が訪れたらそれで終わりだとすれば、日々他を顧みる余裕のない汲汲《きゅうきゅう》とした人生が果たして人間一生の大事と言えるでしょうか。

人間として生まれた使命は、苦しみを抱いて成功を目指し、名利を追い求めたり、人並み以上の能力を発揮して富や栄光を手に入れたり、夢を抱いて自分のやりたいことをやったり、遊行や快楽を求めたり、情欲にふけったりすることなどではないはずです。

〝**なぜ**〟古の聖人が艱難辛苦の難行苦行をしてまで〝**極楽浄土を信じて成仏**〟を求めたのかと考えれば、本来の面目は成仏の道を探すこと、よって人間が持つ本性（霊性）の故郷である極楽へ往生する道、彼岸に昇る道を求めることで、その極楽浄土への道を探すことが何よりも大事であって、栄光や快楽を求める人間の一生は誠にむなしいものだと言えます。

そのように見ると、人生に生き甲斐を求めるその目標自体があまりにも惨めです。なぜなら、それは死後の大事が認識されていないように思えてならないからです。

不滅と言われる霊の旅路は、この人生が最初で最後ではないのです。

不滅の霊が、生死を繰り返すごとにいろいろな種類の生体、つまり人間・動物類・鳥類・魚類・虫類の体を借りて転生することは、帰るべきところの霊性の故郷、極楽浄土に往生が叶うまで続くのです。それは人間の**命**《いのち》（霊性）の故郷である理天極楽に霊性を運んで帰す、つまり〝**運命を全うする**〟という天命が背負わされているからです。

その天命が全うされない限り、人生上の何事も人生途上にありますから、それは天に帰る『道』ではなく、輪廻転生を続ける「途《みち》」ということになります。

ですから、いくら必死に頑張っても〝**途の字には中の字以外の字、天の字も、大の字も、正の字も、王の字も付けられません**〟。よって、何処までも**中途、途中**です。

時間という実相の流れのなかで翻弄《ほんろう》されるだけで、何事も成果が得られず、**中途半端**に死を迎えては輪廻転生し続けていくのです。

これはあまりにも愚かなことで、ちょっと頭《こうべ》を返《かえ》して悟ればいいことなのに、生まれては死に、死しては生まれ、そしてまた生まれては死に、を永遠に繰り返して止まることがありません。

人間の本性（霊性）は本来永遠で不滅の『仏性』ですから、純真無垢《じゅんしんむく》な真諦《しんたい》を有しており、迷いや煩悩とはほど遠いものなのです。

しかし、その人間が愚かにもその実相である『仏性』を有していることを覚らず、日々思い煩いながらも命をかけて幸せを追い求めているのは、紛れもなく「**菩薩となり、仏となり、浄土に安住すること**」、ただそれだけを願って非相のこの世で追い求めているのですが、それが分かっていないのです。

つまり、霊性は不滅で実相ですが、肉体は滅びますから非相であり、またこの世も一分一秒たがわず元の姿をとどめずに移り変わっていますから非相なわけです。

実相非相に対する認識の誤解を解くため、実相である真実の『道』についてお話しすれば、『道』は天地創造以来、綿々と続いてきた時の流れの中にあって、宇宙という広大無辺な領域を保ち続けているので紛れもなく実相と言われるものです。

実相とは、永遠に続いて終わりのないもの、不滅と言われるもの、変わることがないもの、つまり無限に、無量に、無寿《むじゅ》に止まらない、途切れない、終わりがない、永遠に続いていくものを言います。また非相とは姿形があってもそれが永遠でなく生死を繰り返したり、時とともに壊れたり消滅したりして元の姿を変えるものです。

その実相の『道』に法《のっと》って、人間世界は気によって動いていますが、そのエネルギーの起源は、**理法**によって気を循環運行させて天地自然を巡らせている理天界という境界つまり極楽浄土が発源です。

この世は気天界（天空）・象天界（人間界）・地獄界（地底）という三界がありますが、そのすべては理天界の法則つまり理法によって維持され、成り立っているということです。

気は本質的には姿なく無形ですが、すべてのもとであり、万有万物を生成化育している根源でもありますから、あらゆるものを生み出す「力」であり、一切を成就させる天の「徳」でもあります。

例えば、大気は森羅万象を循環運行させて大地を包含し、動けば風となって気候変動を起こし、また人間をはじめ生物が生息する自然の気でもありますから、人間は呼吸により天の気を体内に入れ、各臓器臓物、血、骨、肉をつくり、さらに精神をも形成しています。したがって、私たち人間の気質、気性、気力、気迫なども「気」により成り立っています。

そのように、「気」は流行という時間の中に森羅万象、万物を包含していますが、形象がないので、強いて名付けて『道』と言い、人間には理解し難いその神秘の働きは至宝とされています。

時の流れの中に朽ちることなく保ち続けてきた宇宙そのものが、『道』であり実相ですから、その働きは陰陽の気を循環運行させることによって森羅万象、万物を生成化育しています。

この宇宙生命を育み続けている『道』が実相だと認識できるのが本来佛子《ぶっし》とされる人間

なのですが、その人間は『道』と同じく永遠不滅の霊を持ちながら地獄に堕ちたり、四生と称せられる鳥獣や魚類や虫類に転生したりして、生死輪廻の繰り返しを余儀なく続けていることは誠に遺憾なことです。

霊が六道輪廻の世界に入ってしまうと、限りなく生まれ変わりを繰り返し、永遠に四生六道輪廻から逃れられなくなります。

これは性命（霊性）あるものの運命《さだめ》つまり因果律ですから、迷いの世界に入ってしまうと、原因結果という因果応報を余儀なくされて、過去世での罪業を清算しなければならない応報という責務が負わされます。

その責務を現世で果たせなければ、その因果を来世へ、また来世へと背負い続けます。それを知らず、愚かにも生死輪廻を続けて罪業に罪業を積み続けると、永久に残霊化して餓鬼、畜生となり、地獄といった日の目を見ない冥土（黄泉）という暗黒の中に沈んだまま浮かばれることなく苦しみ続けることになります。

この因果律はこの世が始まって以来、終わることなくこの世が続く限り永遠に存在するものですから実相です。よって、いったん入り込んでしまうと生死輪廻から逃れられません。

しかし今、時運《じうん》が巡って万物の霊長である人間のみに降ろされた天道の『得道（正法）』を授かれば、これまでの罪業のすべてを消し去って輪廻の途上から救われると同時に、霊性にこびり付いている穢《けがれ》や罪業の重みを拭《ぬぐ》い去ることができて、本来の仏性が回復してきます。

そして、元の純真無垢な玲瓏体《れいろうたい》の本性（神霊）に復活でき、生死輪廻する因果律から逃れられて、輪廻しない世界、極楽へ昇ることが叶います。

輪廻しない世界は彼岸と称され、迷いや煩悩といった葛藤のない因果律から解放された悟りの境地です。そこは古の仙仏が追い求めた理想の世界であり極楽浄土ですから、天道の『得道（正法）』を授かって因縁解脱した人は、もう二度と輪廻する世界には戻りません。

今こそが天性（霊性）を復活させる時ですから、躊躇《ちゅうちょ》することなく因果律の法輪から飛び出して真実の『道』に臨めば人生の一大栄誉となります。

それが万物の霊長と言われる人間としての尊厳を守ることにもなります。尊厳は地球上のすべて生命あるものの中で唯一人間だけが発揮できる最高の特性と言えます。

その人間としての尊厳を失って、四生六道を繰り返し続けて迷いの途を歩み逝くか、それとも尊厳を発揮して、神と一体になるか否かで、万物の霊長としての真価が問われます。

なぜ人間が尊厳によって神に近づき、そして神と一体になれるかと言えば、人間以外の生き物は環境に順じて生きる「魂《こん》」という「たましい」だけしか持っていませんが、人間は神と言われる『霊性』を持っていますから、天から戴《いただ》いた霊能と叡智を使い、この世を生き抜いていくことができるからです。

ですから、神の意志を継いでそれぞれが持つ特性を活かし、そして物事を便利に向上発展させて暮らし、家庭を持ち、社会を構成し、国家を創り共栄共存して繁栄させることができるのです。

そのように、人間は尊厳によって成り立っていますから、天道の『得道（正法）』によって根源の一點《いってん》（神の印《しるし》）を授かれば即座に神と一体となり近づくことができるのです。

人間は神と一体になれる最高の資格を有しているということです。

そして、霊を磨き修めてこれまでの罪業の汚れを清めれば、汚れは拭い去られて純真無垢な神霊に戻ることができます。

汚れが拭い去られた神霊は神の資格を取り戻し、次第に霊光（神霊オーラ）が高まりますから、より高次元の世界、浄土へと通じて大神との交信が適うようになります。

そうなれば人生も穏やかに過ごすことができ、体調も整い、たとえ癌《がん》などの大病を患い、

もし治療したとしても弊害が少なく髪の毛も抜けず、本人はいたって元気で医者や周囲の人が驚くほど回復は早く、心穏やかでいられます。
また、『得道』を授かり即身成仏していますから、地獄へ堕ちることはなく極楽浄土へ往生することが約束されているので死に対する恐怖もありません。
たとえ死を迎えても、人に面倒を掛けることなく穏やかに自然死することができ、その死に顔は微笑みと悦《よろこ》びをたたえて温かで、時間がたっても死後の硬直はなく腐敗もありません。
天道の『得道（正法）』を授かり実相の『道』を得たすべての人は、死後の不安がなく安楽往生が約束されているので悦びを以て死を迎えられます。

それがこの世に生まれきた霊性の故郷、理天極楽浄土へ大往生する『道』でもあるのですから、わずかな時間で世にもまれな尊い天道を求め得られることは、人間として生まれて最も幸福なことです。

陽陰と陰陽

生命の神秘を探るには、陽と陰という二気の働きとその役目を知ることが大事ですが、人間世界では目に見えるもので物事を比較検討していますから、陰陽に対する認識は大体次のような状況を表します。

陽は、天、強、剛、明、浮、喜、楽、賞、春、夏、東、南、前、昼、男

⇔　⇔　⇔　⇔　⇔　⇔　⇔　⇔　⇔　⇔　⇔　⇔　⇔　⇔　⇔

陰は、地、弱、柔、暗、沈、悲、苦、罰、秋、冬、西、北、後、夜、女

人間の身体もまたしかりで、頭と足といった上下があり、手と足には左右があり、また裏表があり、道脈と静脈があり、赤血球と白血球があり、右心房と左心房があるように、人体のありとあらゆるものが皆陽陰、陰陽といった相対の理法に従って創造されています。

私たちの生活も規則正しく時間を振り分けて行われており、毎日が午前午後併せて二十四時間で一日を過ごす日々を繰り返しています。また自然界も、緯度経度や東西南北四方八方の方位も、理法に従っていますから、計算上に表すことができるように創造され、今日に至っています。

例えば、ビルや橋、飛行機や船舶を作ることができるのも、設計や計算ができるからであって、宇宙の星までの距離や、さらにその星が宇宙のどの位置にあるのかといったことのすべてを計り知ることができるように創造されています。

これまでの長い時の流れのなかで、片時も滞ることなく宇宙の星々が自転公転して森羅万象を循環流行させて宇宙本体を存続し、そして保護し、万物を生成化育することができているのは、宇宙生命を組織している宇宙に敷かれた天の理法によるものです。

計算し尽くされた宇宙、計算し尽くされた自然、そして私たちの人生、いったい誰が創造したのでしょうか、と問われれば、なんと答えればいいのでしょうか……。多分、神、そのものを思い浮かべる以外、釈明のしようがないのではないでしょうか。

そのように、厳として存在する天の偉大さ、絶対的な存在を認めずにはいられないところから、古の人々に自ら天を畏《おそ》れ敬う思想が生まれたのは理の当然だと言えます。

天と自然は真理本意で繋がっているところから、人間が実践すべき道徳の象徴として自然界の中で、天を最も偉大な理想のものとして尊び崇めることで信仰の対象となります。

天（陽）と地（陰）は相対するものであり、覆《おお》うものと覆《おお》われるものという関係にあります。

天の存在を認識すれば、それに対する大地の重みも感じることができます。

この天（陽）と地（陰）の認識は自然の認識の出発点となり、天に対する畏敬《いけい》の念から信仰の対象になるのは当然の成り行きですから、天は真理の根源であり、人間すべての行為を管理監督する律法者であり、非人格的な絶対者だと敬われ崇められるわけです。

そのようなことから、人間の行動や生活上の諸問題の答えを見出すため、自己の生き方に不安や畏《おそ》れ、疑惑などを抱いた時、人々は天を仰ぎ、天に叫び、天に問いかけるのは、その潜在意識の中に、自らの霊性の親が極楽天にいて見守ってくれていると信じているからこその行為でもあるわけです。

人間は無意識のようでも自分の霊性の親中も、また故郷である理天極楽も決して忘れているわけではありません。

神の子、霊性のその心の奥底では極楽で幸せに暮らしていたことをしのんで、極楽天のような世界を求めて三界を輪廻し、永遠の幸せを追い求め続けているのです。

天が宇宙の中に気天界・象天界・地獄界という三界を創造したのは、人間の体を借りて極楽天から降ろした神の子、霊性を再び極楽に住まう神霊としての資格を得させるための修道の場としたのです。

よって、神の子としての霊光を曇らせて光を失い地獄途に堕ちるか、反対に霊光を輝かせて極楽浄土に復縁するかは、自分自身が覚る以外に『道』はないのです。

神の子の霊性を汚して地獄途にさまよい続けている人間は、自分が神の子であること、それに霊の故郷が極楽浄土であることを忘れて〝**鬼《おに》の魂《たましい》**〟で生きている限り、「類は友を呼ぶ」あるいは「類を以て集まる」わけですから、赤鬼や青鬼のいる地獄に堕ち続けることになるので、決して四生六道輪廻からは抜け出すことができません。

その因果律の恐ろしさを早く悟って、天が降ろした理法つまり天道の『得道（正法）』で因縁解脱を果たすことが大事です。

因縁を探れば「因」は「よりて、よって」と読むように、事の起こりの理由や由来が言われ、それに「縁」が絡むと、繋がりまつわる、めぐらす関係が生じることになります。

つまり原因を作ればそれは結果に結び付く、というのが「因縁」だということです。

この世での物事は、決して偶然でも不可思議でもなんでもないのです。すべてが計算されていて、必然の中に偶然という幸不幸が絡まって起きるものですから、それを人間は不可思議と思うだけで、決して必然から外れてはいないのです。ただ人間は陰と陽、陽と陰の形の違いを理解できていないので不可思議も理解できずにいるだけです。天、自然、人間はお互いに連続していますが、この連続の基となるのが「気」つまり空気です。

「気」とは淮南子《えなんじ》（中国における最初の百科全書で二十一巻から成る）によれば、肉眼では到底捉えることができないガス状の微粒子のことで、万物を構成する原子だと言われます。

この微粒子は集合していない時は天空に浮いていますが、集合して密になると重くなって固まり、水のような液体になって天空より雨となって降り、土や金のような固体になります。

人間も、呼吸により天の気を自分の体内に入れ、血、骨、肉をつくり、さらに精神までも形成しています。

原始時代は一気《いっき》（一陽《いちよう》）のみを以て万物が構成されていると考えられていましたが、この考えが進化して「気」には陰陽二つの種類があり、合理的に発展し続けていることが分かりました。

したがって、人間の身体は万物と同様に陰陽五行の気で出来た産物ですから、そこに天性（霊性）が人間の中に宿って初めて性命が誕生したということになります。

ですから、すべての生き物が表現する喜・怒・哀・楽は体内の陰陽五行の気と外気つまり自然の気との兼ね合いによって表現されます。

神経を労し、消耗してストレスになったり、それが高じて神経性の病気になったり、罪を犯したり、また人生における幸不幸・貧富・平安波乱など数えればきりがなく、宇宙三界の気天界・象天界・地獄界の一部始終に影響を及ぼしています。あの世もこの世も混然《こんぜん》一体《いったい》、陰陽の支配から逃れられないのです。

陰陽の気は静止固定した状態でなく常に循環運行し続けて前進しているので、すべてのものは休むことなく動き続けて止むことがありません。

陰陽の形象は言語で示せますが、それらは眼《げん》・耳《に》・鼻《び》・舌《ぜっ》（口）・身《しん》・意《い》（心）の六つの意識で感知できるものと、できないものがあります。

感知できるものを私たちは実相として捉え、できないものを非相として捉えています。実は六つの意識は一時的な感情や感覚で、時がたてば意識は薄れて消えてしまいますから、それは非相で、実相は始めあって終わりなきもの、つまり永遠にして不滅のものを言います。

〝陰〟の字に「今、云」の字が見られるのを「今を云う」と捉えれば、陰が象徴される物や出来事は、後にも先にも続くものではなく、いずれは消えてなくなることを暗に示している文字だということになります。

人間の誕生も母親の陰部からで、いずれ死を迎えます。

また、この世は陰陽の世界で陰が上で主導的立場にありますから、万物はいずれ時がたてば潰れる、壊れる、なくなる、といった宿命があるので当然非相です。

もし神が創造した不滅の天理がなければ日月星辰は乱れ、緯度経度はなくなり、四季八節の運行も乱れることになります。

そうなると、地の理がなくなり山水は乱れ草木は生育できず、人間が持つ霊魂に性理がなくなり、知能もなくなり、活動も止まり生活ができなくなります。

そのように理屈づけて考えれば天に天理あり、物質に物理あり、物事に道理があり、人間に性理があること自体が天の妙だということが知れます。

人間社会では知覚感覚で読み取ることができないものを**非相**とし、実際にあって見えるもの、感じられるもの、触れることができるものが**実相**と言われますが、天地自然における実際の**実相**はこの世にあって触れたり見たりして体験できるものではないので、生活が第一と考える人間にとっては当然敬遠されて関係ないもの、縁の薄いものとして扱われています。

この世はただ見える、感じる、触れるといった世界だけに限られたものではないのです。

霊界と言われる気天界、象天界、地獄界の三界が厳然としてあり、その三界が宇宙の中に同居しているわけですから、実相と非相が一元化している世界だと言えます。

したがって、精神世界に言われる実相非相も陽陰に分けられて、次の如く言葉や文字に顕れているということからみても、確かに存在しています。

神、霊、天界、極楽浄土、彼岸、天国、天使、命、道、往生……陽の道（実相）

⇔　⇔　⇔　⇔　⇔　⇔　⇔　⇔　⇔　⇔

鬼、魂、冥界、地獄界、此岸《しがん》、地獄、悪魔、死、途、逝去……陰の道（非相）

宇宙三界を陰陽の気で運行している『道』は時間でもあります。限りなく流れ続けて元の姿をとどめず永遠ですから、時間は『道』で実相です。

人間の霊は途上という陰の途《みち》を歩み進んでいます。気という時間に流され続けて三界の中を行き来しながら生死を繰り返し、四生六道輪廻を止むことなく続けていますが、天道の『得道（正法）』を授かれば、人生、輪廻そのものが非相だということに気づきます。

理天極楽に住まう親神中の命によってこの世に誕生した神の霊性を持つ人間は、罪業を背負って非相の四生六道輪廻を余儀なく続けていますが、このまま地獄途に翻弄されて三界の旅路を続けていいのかどうか、ここが思案のしどころではないでしょうか。

以上のように、陰陽の理法によって動かされている天地自然とその空間にある森羅万象、万物は、皆因縁因果により成り立ち、因果の及ばないものはないわけですから、そこから因縁解脱を果たすには因果が存在しない宇宙の外、形象の外の天外天《てんがいてん》に脱出する以外に『道』はありません。

天地自然の『道』は人間世界にあっては**正道、大道、中道、王道**と言われ、道の歩み方を示唆されますが、同じ『道』でも**天道**となると〝**天と道**〟が繋がっていますから、天に繋がれば天に帰ることが叶うということで、天道の『得道（正法）』を授かれば陰の道の地獄途から脱して陽の道の天に帰る『道』に乗り換えることができるのです。

『得道（正法）』は聖人から聖人へと伝えられてきた天の機密で、神秘であり、至宝であり、天機ですから、『道』に縁のある人でなければ授けられないのです。

ここに天地自然の『道』と『天道』の違いがあります。

古くは太陽のことを〝お天道様《てんとうさま》〟と呼んでいましたが、今はそう読むことも少なく知らない人もいますが、実は『道』の字に「**首**」の文字が付けられるのは、**首は〝始まり、**

最初〃を意味するところから、再び天に戻ることができる唯一の『道』だということが〃天道〃という言語には隠されてあるからです。

『道』には原始の中《ラウム》様との固い絆があって、その全知全能が託されてあり、その『道』に「天」が付けられて〃**天道**〃ですから、唯一天に帰ることが叶う『道』だといえます。

(首0)【首】㊈〔甲〕 呉シュ 漢シュウ(シウ) 〔一〕〔有〕shǒu 〔二〕〔宥〕shòu ┃くび こうべ

〔解字〕象形。顔の目の上に毛髪のある形で、「くび・あたま」、ひいて「はじめ」の意を表す。

〔意味〕〔一〕①**くび**。**こうべ**(かうべ)(ア)あたま(頭)。かしら。「頓首《トンシュ》」(イ)頭髪。「白首」(ウ)くび(頸《ケイ》)。頭と肩との間。「鶴首《カクシュ》」(エ)しるし。切り取った頭部。「首級」②**おさ**(をさ)(長)(ア)かしら。統率者。「党首」(イ)きみ(君)。かみ(上)。「元首」③**はじめ**。(ア)はじまり。最初　↕尾。「首尾」(イ)さき。先頭。「巻首」(ウ)かしらの。最上位。「首席」④最初に。初めて。⑤はじめる(始)⑥もとづく。よりどころとする。⑦かなめ(要)。要領。重要な点。

天道の『得道（正法）』は天命によって降ろされたものですから、天命によって生まれた本性（霊性）を持つ人間でなければ授かることができません。

天道の『得道（正法）』は私たち人間の救いの『道』で、この世では唯一不二《ふじ》の法門《ほうもん》です。『天道』の真諦《しんたい》（真実で偽りのない道理）は天機《てんき》（天の秘密）、故に述べることができず、古来より紙上には記載も公開も許されていません。

よって『天道』の妙訣《みょうけつ》（神にして最高の奥義）は、ただ聖人仙仏の間だけに真伝として口を以て伝えられ、それは正法眼蔵《しょうほうげんぞう》・教外別伝《きょうげべつでん》・以心伝心《いしんでんしん》で秘密義《ひみつぎ》に伝え受け継がれてきています。

いかに聖人また賢人であっても、この天道の『得道（正法）』を得て初めて、霊の神格（神霊）が得られ、妙智恵《みょうちえ》（神の智恵）が開かれたのです。

すなわち、悟りの実体は『得道（正法）』によって因縁解脱が果たされて妙智恵《みょうちえ》が開かれない限り悟り知ることができないものです。

古の聖人のように、この世は理法によって運行されていることが理解できれば、天地自然からも当然、理法によって作られた言葉や漢字のその意義や成り立ちや、構成を知ることで天の妙に近づくことができ、人間が持つ命つまり神霊の不可思議を知ることができるので、世の実相非相が明らかになります。

地獄は存在する

天地人という言葉があるように、私たちが見上げている青空を天とし、そして足下の大地を地として暮らしていますが、これはあくまでもこの世の天と地であって、それを感じるのは眼《げん》、耳《に》、鼻《び》、舌《ぜつ》（口）、身《しん》、意《い》ですが、以上の六感《ろくかん》は、見る、聞く、嗅ぐ、味わう、触《ふ》れる、思うなどの感覚で感じ取っています。

その目、耳、鼻、身の字と、聞、嗅の字とに共通している字は「目」です。

「目」の字は、田の中の十の縦線を横にすれば横二本の「＝」になるので、「田」から「目」の字に変化したと見ることができます。

太古の太極図☯の陰陽の境の～を真っ直ぐに延ばせば⦶となり、その⦶の中心に一点を得れば十となるで、⦶は⊕となります。

⊕は漢字にはありませんが、漢字にすれば「田」となり、そして目の字に転化したのではないかと想像します。

その「**田**」の字は〇《えん》と**十**との組み合わせの字であり、宇宙の中心を暗示して、**田**はまた小宇宙と言われる人間の身体の中心を指していることから、真の心（神霊）の位置が示唆されていることになるので、**田**の字の下に「心」を持ってくれれば**思**となり、目、耳、鼻、身、見、聞、嗅などの感覚、聴覚、視覚、味覚などを感じ取り、そして**思**うという最終的な判断が下されます。

また、**田**の字は幸福の**福**や**富**の字に見られる一**口**《ひとくち》の**田**《た》にも大きく関わっていますから、天道の『得道（正法）』を授かって『一』の『道』を得れば、**幸**、**福**、**富**を手中《しゅちゅう》にすることにもなります。

以上のように、太古の太極図☯の陰陽は私たちの生活の中にまで入り込んで天の秘密《ひみつ》義《ぎ》が見え隠れしています。

また、〇は化して漢字の**口**となっていますが、**口**は一が四本、縦横に組んだ字と言えますから、**口**の一本一本つまり四本を組み替えて変化させれば、**天**、**中**、**正**、**王**などの字にもなりますが、ただし**中**と**正**は三本と残りの一本を半分にして用いています。

また、**大**の字は「円は三を以て描き〇」の三から作られた字です。

天道、大道、中道、正道、王道といった『**道**』は皆天に関係ある字です。

そのように漢字は、天理に法《のっと》っていろいろな字に変化して成り立ち、森羅万象、万物のことごとくを網羅して、その形象を明らかにしているわけですから、森羅万象、万物の形象を物語る漢字を構成する一つ一つの字を垣間見れば、それがどのような意味合いを持っているのかが明らかになります。

天が**為**《な》す行いを人（イ、にんべん）が**為**《な》せば**偽**《いつわ》りとなり、天は**虚**《きょ》にして物事を行っていますが、口《クチヘン》に**虚**《きょ》を付けると、人の口は**嘘**《うそ》が多いというように、部首の組み合わせで意味が違ってきます。

また、**寺**の字は**土**と**寸**ですが、**寸**は土の下にあることにより、葬儀や供養ごとなどを生業《なりわい》とし、神社の**社**は**土**の字の下には何もなく一の上の**十**はプラスという意味で、結婚式や祝い事を生業とすることがうかがわれます。また、**墓**の場合は**莫と土**で、**莫**は「ない、なし」で、**土**の字は**莫**の下にありますから「土の上にいない」という意味になり、土の下に埋葬されていることがうかがわれます。

先に述べていますが、**喪**という字は口が二つ、つまり靈界は気天界・象天界・地獄界の三界があり口三つです。これは「**喪**に服す」の、その謂《いわ》れが人間世界である象天界から去って、残る口二つの気天界あるいは地獄界へ旅立ったということを表しています。

漢字はそのように、物事の形象を忠実に表しているので、漢字でその存在や実情や実体を汲み取ることができます。

したがって、宇宙空間に存在する森羅万象、万物のすべては、実相非相にかかわらず、言語つまり漢字などに言い表されている限り宇宙三界に関わりを持っていることになります。

ことに、霊の働きに関係が深い「言」という字は「ものいう、ことば、ことばにあらわす」など、心を代弁していることから「言霊《ことだま》」つまりその言葉に宿る不思議な働きは霊能と言われ、私たちの生活や精神面に重要な役割を果たしています。

生命あるものは人間もその他の生き物も、すべて大自然の霊能の気、つまり霊気（陰陽の気）が凝結して出来たものですから、その霊気のおかげで生命が保たれています。

人間には天からの智恵と思考する霊能が与えられて、人間の尊厳が守られているわけですから、生きるも死ぬも、また死後も自分勝手にはできないのです。それは霊が人間の身体を借りて、誕生から人生途上における心遣いや死後の旅路、四生六道輪廻が行われているからです。

すべて宇宙真理つまり霊導《れいどう》（神の導き）に随《したが》う定めにあります。

それは、我々の眼には見えない霊能力が、この宇宙間に充《み》ち満ちて存在しているので、人間はもとより鳥獣、魚、虫もまた山川草木など地球上のあらゆるものや天空の太陽、月、星も皆々大宇宙を動かす天の霊能の導きを受けて成り立っているからです。

霊能といえば神がかった言葉だと思われるかもしれませんが、眼に見えない力が存在していることは確かで、科学では計り知れない、想像もつかないその霊導《れいどう》が大宇宙の源となっています。

その霊能の神通力が宇宙をつくり、太陽、月、星、地球もまた地球上の森羅万象、万物のあらゆるものをつくり、それらすべてを左右しているわけですから、その摩訶不思議な力を神の力とすれば、これらすべては天の霊能『道』によるものと考えていいわけです。

その天の霊能が人間の霊に与えたのが、功罪に対する因果応報という原因と結果という天律ですから、言語で霊が辿る途を探ると、まず人間には「人生途上～三途の川～冥途（冥土）」という生死の決まりがあるように、とりわけ「謎《なぞ》・誕《たん》・語《ご》・諍《いさか》・誠《まこと》・誙《こう》・獄《ごく》」などの漢字には、私たちの一生つまり誕生の**誕**から始まって死後逝くところである地獄の**獄**にも、「**言＝ことだま**」の字が含まれています。

人生途上で言葉を戦わせた**諍**《いさか》いも多くありますが、そこは**誠**を尽くして無難に切り抜けながら、年を取るとともに誙《けい》、つまり死に赴《おもむ》く時を迎え、そして四生六道輪廻の地獄途に入ります。

獄の字には**犭**《けものへん》と**犬**の字が付いているように、四生つまり動物類、鳥類、魚類、虫類に「九死に一生を得る」で、そのいずれかに九度転生を繰り返した後、再び時期がめぐればまた人間に生まれて新たな一生が始まるわけです。しかし、人々はその霊の変遷のなかでも、四生六道輪廻自体が地獄途だということを理解していません。

「言」の漢字一つで霊（こころ）の生死の変遷を描き出すことができるわけですから驚嘆に値します。これは取りも直さず言語には思いがこもっているからです。

人間の運も宇宙の霊能が発する霊気陰陽に左右されているので、人生で起きる物事は偶然ではないのです。特に気温や気圧の変化が直接人体に影響を及ぼしているように、人間の生死に関しても重大な影響力を持っています。

そこで考えられるのは、生まれてから死ぬまで、さらに死後も霊気陰陽が左右しているとすれば、認めたくはありませんが、確かに地獄は存在するということです。

「人生途上〜三途の川〜冥途」と言われるように死後にも「途」の字が付いているのは、まだ中途、途中の「途《みち》」が続くという意味で、人それぞれ生き方が違うように、死後の転

(言8)【誕】当 (言7)【誕】 漢タン 旱dàn

解字 会意形声。 言と延《エン》〈タン〉(ひきのばす意)とで、ひきのばして大げさにいう、でたらめの意を表す。借りて「うまれる」意に用いる。当用漢字は俗字による。

(言10)【謎】 慣メイ 漢ベイ 齊mí, mèi

解字 会意形声。言と迷《ベイ》(まよう意)とで、人をまよわせることば、「なぞ」の意を表す。

意味 **なぞ**。わざと意味を隠して、人を迷わせることば。なぞなぞ。隠語。国 **なぞ**。不思議な事がら。

(犭11)【獄】当 呉ゴク 漢ギョク 沃yù ひとや

解字 会意。 犾(＝犾。犬がいがみあう意)と言とで、うったえて言い争う、ひいて、裁判、転じて「ひとや」の意に用いる。

生の「途」もまったく違ってきます。

誰もが死後に対して関心がないように思えますが、実は恐れているのではないでしょうか。

近い将来必ず死に関わることを知っていても、元気なうちは生きる意欲が先に立って、死後のことを考えようとはしませんが、誰一人として死から逃れることはできないのです。

人が亡くなると、これまで欲望を募らせて好き勝手気ままに思いを押し通してきた鬼《おに》の「たましい」**魂魄**《こんぱく》（生命体に取り憑く魂《たましい》）は死を迎えると、その前に体外に出て滅び、遺された真実なる**霊性**《たましい》（本性）は不滅ですから、この世からあの世と言われる地獄に移動し生前の賞罰が審判されます。

多くの死者は苦しい死後の輪廻の世界がいかに厳しく長いかということを知りません。

審判されて、そして地獄の責め苦に遭って罪の清算を求められ、動物類、鳥類、魚類、虫類に転生させられるか、生前の功徳が認められて期限付きで一時《いっとき》極楽が享受できる気天界（天空）に昇ることになりますが、その心中は一日でも早く人間に転生できればと願っています。その人間世界も生き地獄と言われるように、宇宙三界は皆地獄の閻魔大王（六《ろく》欲天《よくてん》の夜摩天《やまてん》）の支配下にあります。よって、この世に誕生するときは、母親の陰部つまり〝冥土、地獄、陰府〟を意味するところから生まれるのです。

この世に法則があるように、人間にとって善因善果、悪因悪果の法則は厳然として存在し、霊は生前に行った賞罰に対しては天羅地網《てんらちもう》と言われるが如く、わずかな賞罪も見逃さず審判されて、三界つまり気天界・象天界・地獄界のいずれかに移されます。

天から与えられた純真な霊を汚しただけでなく、反省することなく罪を重ね、悪巧《わるだく》みに荷担《かたん》して他人をだましたり陥れたり、姦淫《かんいん》、殺害、放火など数々の残虐《ざんぎゃく》を犯したり、虫ケラ以下の破廉恥な行為をしたりすると、その結果は餓鬼道、畜生道に堕ち、畜生、亡霊、邪霊へと転生していきます。最悪は小さな魚類や虫類に転生し残霊化して、再び人間に戻ることは難しいと言われています。

地獄に堕ちれば、たとえ罪を償って人間に生まれ変わったとしても、報われることなく苦しくむごい一生を送ることになると言われます。

釈迦は地獄界を〝苦集《くしゅう》のみ〟の境界と言っています。

地獄には当然逝きたくありませんが、自業自得で如何《いかん》ともし難く、逝去した人間の大方は、凄惨《せいさん》で残酷な刑罰場と言われる地獄に堕ちて、現世での罪の処罰を受けることになります。

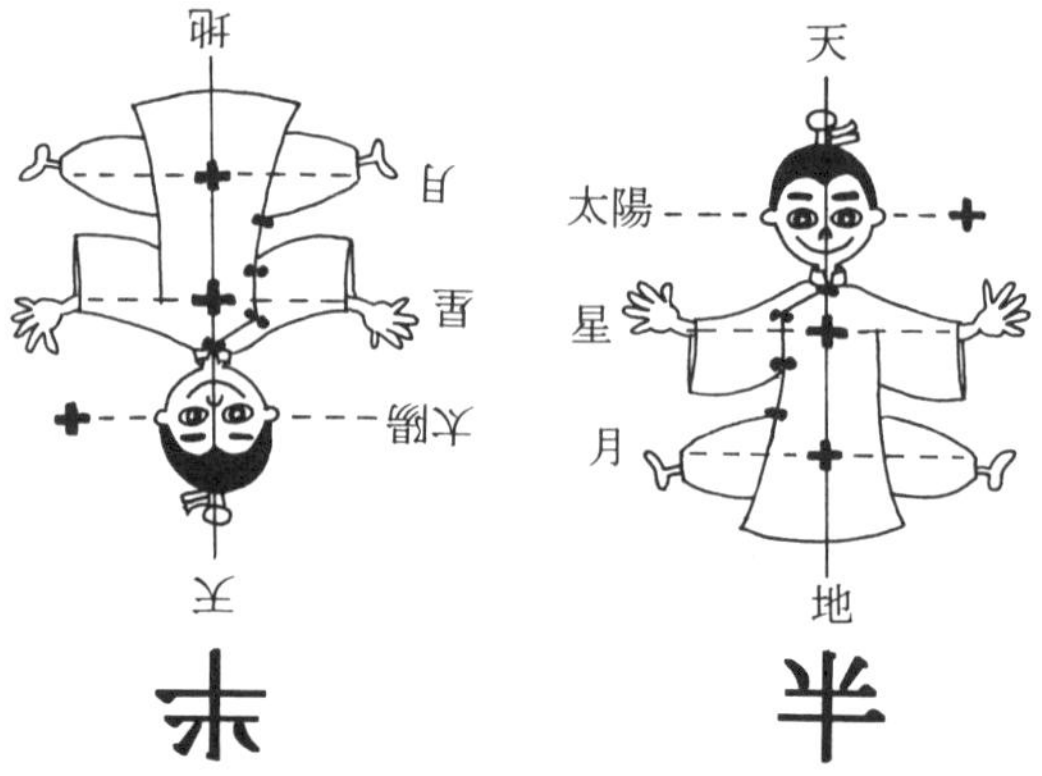

その地獄での姿を人生途上～三途の川～冥途（冥土）の「**途**」の字で垣間見れば、人間はこの世で、生命あるものの中で**唯一天と地の間に立って生きています。**

その人間の身体は陰と陽の法則に従って成り立っていますから、眼も、耳も、手も、足も左右にあるように、また動脈・静脈、赤血球・白血球、左心房・右心房といったよう陰陽半々で出来ています。その人間の姿を字に表せば『**半**』となります。ところが人生途上～三途の川～冥途（冥土）の「**途**」の字は『**未**』、**逆**《さか》**さま**になっています。

これは何を意味するかと言えば、『**道**』でなく、**前途洋々**の「**途**」の人生を送っている限り天には帰れないことを意味しています。つまり地獄に堕ちれば、次の如くです。

※**盂蘭盆**《うらぼん》……梵語《ぼんご》で倒懸《とうけん》と訳され、手足を縛って、体を逆さまにつり下げる意で、盂蘭盆会《うらぼんえ》は旧暦七月十五日に死者のその苦しみを救うために行われる仏事を言います。

その中には、処罰を恐れて幽冥界《ゆうめいかい》に亡者霊《もうじゃれい》、幽鬼霊《ゆうきれい》、悪魔霊《あくまれい》などに残化《ざんか》してこの世をさまよい続ける死霊も数多くいると言われています。

気天界（六欲天）は楽な因果の境界ですが、一時的で期限があるので、たとえ生前の功徳が高く、気天神としての位にいても生前の善果徳行の報いが尽きれば、また人間に転生しなければなりません。

それは、人間をはじめ生命あるものは皆原因結果という重い因果（カルマ）を背負って転生しているからです。人間に転生しても母親の陰部（地獄）から生まれるわけですから、気天界・象天界・地獄界の三界は皆地獄の支配下にあり、そこに籍があると説法されています。地上にいる人間をはじめ、あらゆる生き物は皆母親の陰部という下から生まれ、この世陰陽の世界で生きて、死ねば下つまり土の下に堕ちて逝く運命にあるのです。

善因善果、悪因悪果という天律があることを悟った昔の聖人や行者は、身を修めて天に到達することを願って難行苦行しましたが、最終的に次のようなことを悟ったのです。

「人間としての究極は実れば熟し、そして地に落ちて果てるという自然界の仕《し》来《きた》り以外の何ものでもなく、その生死を幾度繰り返し続けても終わりがないこ

とに尽きるということでした。

しかし、宇宙創造に必ずその原始根源があるとすれば、大地の草木のように大地から生まれたものは大地に帰るが如く、天から生まれたものは皆天に帰る『道』があるはずだと確信して、そしてさらに厳しく願を立てて大理想を抱き、時の道師（點伝師《てんでんし》）を歴訪しながら辛労辛苦を厭わず行が成ることを切望して『道』を追い求めたのです」

結果、それが通じて、真法《しんぽう》を授ける明師《めいし》（點伝師《てんでんし》）が天より遣わされて、そして天に帰る『道』である天道の『得道（正法）』を授かって悟りを開いた後帰天し、神佛となったのです。

これまで輪廻転生を続けて、数多く積み重ねてきた一切の罪業を消罪するには、古の聖人が追い求めた天道の『得道（正法）』に縁を得て霊性《れいせい》（神霊）に目覚めれば、その身は因縁解脱が叶い、即身成仏となります。

すなわち、わが身に及ぶ障害（カルマ）は次第に解消されて運は好転し、予期せぬ事故や災厄に対しては神佛の加護により守護されます。

そして、生涯を終えますと、死後硬直もなく一切の罪を消滅させることができますから、極楽浄土の涅槃に帰天することが叶い、神仙佛聖の在《ましま》す不老不死の永遠の楽土に暮らすことになります。

霊と魂魄《こんぱく》の関係

私たちが住んでいる世界は地位、名誉、成功、お金、財物、物欲などに執着するように創造されているといっても過言ではありません。

その欲が煩悩を次から次へと生み出しては罪過を積み、そして、その償いを果たすために四生六道輪廻という泥沼に入り込んでしまうという因果の恐ろしさを、人々はまったく分かっていません。

古から人々は、極楽と地獄という二極をよく比較して極楽を求め地獄へ逝くことを恐れ嫌いました。しかし、今の人々はそれを迷信扱いにして恐れるどころか馬鹿にしています。

事が起きても自分の身に災いが降りかからなければ良しとし、災いを被ればそれを非難して罵倒したり叫んだり、あるいは被害を訴えますが、それは欲求が通るか通らないかの問題であって、そもそも災厄の起こりは過去の罪業による因果応報であることが分かっていません。

移り変わっていく世の中で、人々はその時々の事情に対応することが当たり前のように暮らしていますが、人間としての尊厳も意義も責任も忘れて、ただいかにすれば楽しく豊かに暮らせるかという欲に、頭を悩ませています。

人は百年生きられるのか、日数で言えば三万六千五百日も生きられるのか、この短い人生がいかに大事かを考えることなく、日々汲汲としながらも楽しまなくては損であるが如く、欲心の成すままに生きていますが、この世は有為転変《ういてんぺん》の世界ですから、すべての物事は常住不変《じょうじゅうふへん》で固定した実体を有していません。

絶え間なく移り変わっていく自然の法則の中にいる限り、万物のすべてはかかるその日その時、一分一秒の間にも生じては消えていく定めにあることを知りながら、人間はなぜ自己が持つ不滅の霊のその真諦《しんたい》を見極めることができずに死を迎えてはこの世を去り、四生六道輪廻の冥界に迷い続けるのでしょうか。

実は霊の真諦《しんたい》を知ることが、この世に下ってきた人間の最終目的つまり使命が課せられているのです。

霊の真諦を知るために、古の聖人や数多くの修道者は、千辛万苦の難行苦行を積み続けて本性（霊性）の居場所を自らに問いかけて探し続けましたが、**吾が心である霊性**の居場所を知り得たのはその時代時代で、たった一人の聖人のみでした。

それも、自ら悟りを開いたのではなく、中《ラウム》の命により時の明師《めいし》（點伝師《てんでんし》）が遣わされて、本性つまり霊性の居場所を覚った聖人に天道の『得道（正法）』を授けて悟りを開かせたのです。

悟の字は**吾**と**忄**で**吾が心**で、**吾が心を開く**つまり自分自身の霊の居場所を知って、本来の神霊に回復させることが**悟りを開く**ということです。

古の聖人にとっては、艱難辛苦の難行を重ねて吾が心の居場所を知るまでが至難の業だったわけです。

ではなぜ悟りを開くのかと言えば、本性つまり霊性を回復させない限り、**鬼の心である魂魄**《こんぱく》が生み出した数多くの罪業を消滅させて解脱することができずに、再び四生六道輪廻に転生して生まれ変わっていくことになるからです。つまり、**魂魄**に打ち勝ってこれまでの罪業を浄化しないと、極楽往生が叶わないからです。

極楽往生するには、わずかな因縁でも、その人生に残っている限り往生は叶いませんから、因業（カルマ）を完全に消滅させて四生六道輪廻から逃れるために、霊性が生み出す善因善果の力が不可欠なのです。極楽の涅槃に在住するには、すべての迷いや悩みを無住にしないと昇れない純陽の境界にありますから、因縁解脱を果たさない限り許されないのです。

よって、聖人と同じく悟りを開くことを目指した数多くの修道者は発心から数十年、あるいは一生を掛けて千辛万苦の難行苦行を積み続けても、なお吾が心を探し当てることができずに、一生を終えて四生六道輪廻へ堕ちていきます。

悟りを開いた聖人は、身体をいくら酷使して鍛えても、それは身体という形に囚われた行ですから、たとえ大難行や大荒行、不休不眠の行であっても、また連日連夜祈り続けても、それはあくまでも精神を鍛えて煩悩を鎮めているにすぎないものだと悟ったのです。

真の修道は天道の〝守玄《しゅげん》〟にあります。

身体に充満している気は濁気《だくき》（大気・陰陽）と言われる汚れた気ですから、それを「玄《げん》気《き》」という天の気（陽）を呼び込んで体内で煉《ね》ることから始めなくてはなりません。

(玄0)
【玄】㊟ 呉ゲン 漢ケン 先 xuán ｜くろ-い
解字 象形。もと黒く染めた糸の形で、こいめの黒の意、ひいて、おくぶかい意。
意味 ①くろ。くろ-い(-し) ㋐こいめの黒色。㋑赤黒い色。㋒青黒色。天空の色。「玄象」②とおい(遠)。遠くてかすか。③奥深い。深遠な。「幽玄」④しずか(静)。「玄黙」⑤奥深い道理。「玄理」⑥道家が説く天地万象の根本の道。⑦きた(北)。北向き。

【玄気(氣)】キ ゲン 天の気。

玄気という天の純陽の気を「霊の正門・玄関」から取り入れて、大気中に含まれている陰陽の気を煉る、陽二気と陰一気の割合で、それを中丹田《ちゅうたんでん》において煉れば、2対1で自然と陽が勝って陰の気が陽化し始めます。

さらに続けて煉り続けると、体内に取り入れられた大気中の濁気は中丹田から下丹田《しもたんでん》に下っていき、次第に純陽《じゅんよう》の神気《しんき》へと化していきます。下丹田で完全に純陽の神の気になるまで煉《ね》ると、次第に背筋を通って上昇を始めます。

守玄瞑想時《しゅげんめいそうじ》の正《ただ》しい呼吸法《こきゅうほう》（守玄調息《しゅげんちょうそく》の基本法《きほんほう》）

守玄《しゅげん》

守玄とは霊の正門・玄関を守る事なり。唯《ただ》、目を閉じて瞑想《めいそう》するは坐禅《ざぜん》なり、玄関に気を集めて感応《かんのう》を得るべし。日々四六時中努《つと》めよ

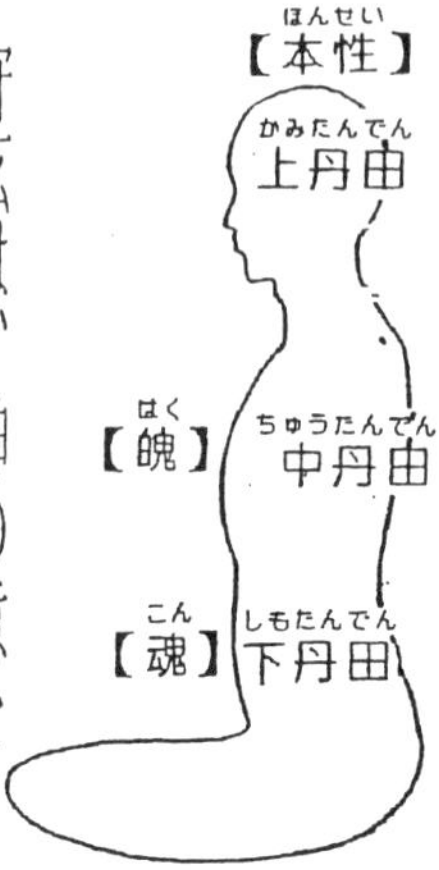

守玄は、神の意を解する為に不可欠

玄関より流れる玄気の道筋

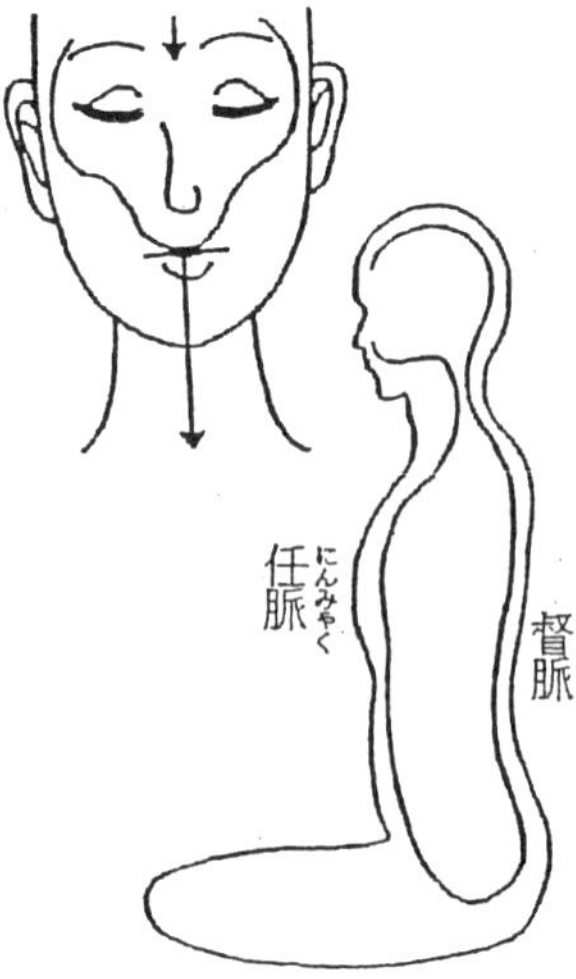

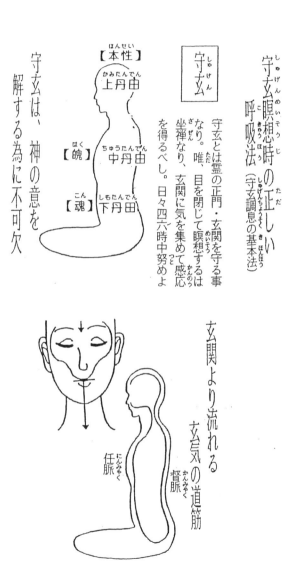

そして、頭部の上丹田へと上昇し、上丹田に鎮座している霊性を神の気で温めれば神霊へと復活が叶うようになります。ただし、この呼吸法は悟りを開いて、その「霊の正門・玄関」から天の気、玄気《げんき》を呼び込まないとできません。

天道の『得道』を授かって修法をマスターすれば、理天極楽の天堂に昇る仏性を養うことができます。

「守玄《しゅげん》」と俗世の「瞑想」の違うところは、「守玄《しゅげん》」は天の純陽の気、「玄気《げんき》」で精を煉りますが、瞑想の「瞑」はくらい、かすか（幽）、見えないという意味で、「想」は心に形容を思い浮かべる、つまり事物の形状や様子を思い起こすという意味があります。

「瞑想」とは、想念、雑念、妄想などを「瞑」つまり「くらくする」ということで、それは吾が心の魂魄《こんぱく》が呼び起こす煩悩という欲心を払い除ける、鎮めることに努めるだけで、罪業で穢《けが》れ切った霊性（本性）を清浄無垢《せいじょうむく》にすることはできません。

それが悟れないから、たとえ不撓不屈《ふとうふくつ》の精神で千辛万苦の行を幾年続けても、悟りは開けないのです。

身体が要求する欲望つまり満たされない物事を、なんとしても満たしたいと思う心を司るのが魂魄《こんぱく》という「鬼のたましい」ですから、その魂魄が引き起こす欲望を抑えて鎮め、そして欲望を拭い去って無の境地に至れば、自然と煩わしい物事に囚われなくなり、精神的な安楽が得られるということです。よって、瞑想は雑念や煩悩を鎮めるだけの行だといえます。

この場合の瞑想は一時的な精神安楽であって、時がたてばいったん抑えた煩悩は、再び復活してまた普段の欲望をもたらします。

なぜかと言えば鬼は鬼あくまでも**魂魄《こんぱく》は鬼《おに》の魂《たましい》**ですから、また懲りずに欲望を募らせて心身を満足させようと躍起になって活動し始めるからです。人間は霊《れい》、魂《こん》、魄《はく》の三つの「たましい」があって生きていますが、ほとんどの人は「**魂**《こん》」という「たましい」が自分の心だと信じて暮らしています。

肉体は母親の陰部からの誕生で、その「陰」の意味するところは、辞書に「冥土、地獄、陰府《いんぷ》」とあります。このように、地獄から生まれていますから、身体の臓器臓物の各部分の名称の字には「陰」の字が意味する「月」あるいはニクヅキヘン（月）の文字が付いています。陰は陰月、光陰など月を表しているところから見て、肉体の大部分は地獄の産物である月を有しています。

そのように考えますと、地獄の産物である肉体がこの世で満足に生きていくためには、その肉体を動かし働かすのが**鬼魂**《きこん》という**魂**《こん》と**魄**《はく》という「たましい」が必要で、その働きの大半は**魂**が主体となってわが身を満足させるために行動し、数多くの煩悩を生み続けてはわが身を悦ばせていますが、その**魂**の働きを補佐しているのが**魄**です。

当然、身体の臓器臓物の大部分に月の字が付いていますから地獄の身といっても過言ではないわけで、その地獄の身が思いどおりに生きることができるこの世はまさに地獄と言ってもいいわけです。

故に、渡る世界は鬼ばかりで、鬼の字を使った言葉は以下のようにまことにたくさんあります。

魅力、魅惑、魅了、鬼才、気迫、魂胆、醜態、慙愧、鬼子、鬼ごっこ、鬼将軍、鬼婆、鬼火、餓鬼、鬼瓦、鬼神、鬼に金棒、鬼ヶ島、疑心暗鬼、鬼は外福は内、百鬼夜行、魑魅魍魎、鬼邪亡霊……

など、探せばまだまだたくさんあります。

鬼魂《きこん》と言われる「魂魄《こんぱく》」が身体を支配しているといっても過言ではありません。

その魂魄が満足するにはまず容姿端麗であること、そしてわが身が満足するために名誉を求める、利益を求める、食べる、着飾る、楽しむなど、名利財物といった欲や快楽が求められるわけですが、それらがエスカレートするとその欲望を満たすために人を傷つけたり、罪を犯したり、犯罪に手を染めたりするようになります。

人はこれらの行為が原因となって、後にその清算つまり因果（原因結果）が人生上に呼び込まれ、その応報を受けて悩み苦しむことになるのです。人々は、日々心が平穏でいられるかどうかが悩みの種となり、揚げ句の果てに欲望が満たされればよいという打算的な考えに支配されていきます。

それでは人間がもともと罪業を積むために生まれてきたように思われるかもしれませんが、そうではなく、実際は名誉欲、利欲、物欲、財欲、快楽慾、食欲などを満たしたい欲望が当然起きる煩雑な世の中にいるからこそ、欲望を満たそうとする気持ちがもたげてくるということなのです。

古の聖人賢人が厳しい難行苦行した末に目覚めて目指したものは、真の「たましい」、「霊性」という「たましい」です。

その霊という字には「巫《みこ》」という字が入っており、「巫」は神霊を降下させる、清らかで美しい「たましい」で「神」とあります。

(雨7)【霊】㊥ (雨16)【靈】 漢レイ 呉リョウ(リャウ) líng 青 ― たま
解字 会意形声。𤫊 靈 巫(みこ)と霝《レイ》(零の別体。くだる意)とで、神霊を降下させるみこ、転じて「たましい」の意を表す。一説に、𤫊が本字で、形声。玉と音符霝《レイ》(清らかで美しい意→令《レイ》)とで、もと、玉の清らかさの意という。当用漢字は省略形による。
異体 [灵]は俗字。[灵]は俗字・簡化字。
意味 ①みこ(巫)。「思㆓霊保㆒兮賢姱」〔楚辞・東君〕②かみ(神)。「神霊」③**たま。たましい**

経典に「真性《しんせい》の霊《れい》は不増不減《ふぞうふげん》、不垢不浄《ふくふじょう》」とあり、水に溺れることなく、火に焼かれることなく、いかなる障害に遭っても壊れることのない永遠不滅のものです。よって、生死をいくら繰り返しても、霊性は永久に変わることなく生き続けます。

一方、肉体の欲望を司る魂魄《こんぱく》はどちらも鬼の字が付いており、それは鬼魂《きこん》と称される鬼の「たましい」で、姿形のある物に迷い、欲の感情に揺れ動きます。

(鬼4)

【魂】 漢コン 呉ゴン 元hún ｜ たましい

解字 形声。 鬼（死者）と音符云（ウン）（コン）（たちこめる意→雲（ウン））とで、死者の体から立ちのぼる「たましい」の意を表す。

意味 ①**たましい**（たましひ）(ア)人の生命をつかさどる精神。人の精神の主である陽の精気を魂、肉体の主である陰気を魄《ハク》といい、死ぬと魂は天にのぼり、魄は地上に止まると考えられた。↕魄。「霊魂」(イ)（肉体に対して）精神。魂魄の総称。「心魂」(ウ)心。思い。心境。「旅魂」(エ)物の精神。②→魂魂 人名 たま・みたま・もと

(鬼5)

【魄】 漢ハク 日陌pò 二薬bó 呉慣ハク タク 薬tuò ｜ たましい

解字 会意形声。鬼（死者）と白《ハク》（しろい）とで、死者の白骨、ひいて、地上に留まる「たましい」の意を表す。

意味 一①**たましい**（たましひ）(ア)人の肉体をつかさどる陰の精気で、死後に地上にとどまるもの。↕魂。(イ)精神・霊魂の通称。「魂魄」②からだ。形体。③心。気力。

【魂△魄】《コンパク》 たましい。人が死ぬと、魂は天に上り、魄は地上にとどまるという。

それは物に取り憑《つ》く精ですから、生きている間は活発に活動しますが、生命が尽きれば「死者の体から立ちのぼる」すなわち大気中に消えていく定めのものです。

霊性《れいせい》と魂《こん》と魄《はく》は身体の宿る場所が違い、また来た場所も違います。魂は肝部《かんぶ》に宿り、魄は肺部に宿って、呼吸する大気（陰陽の二気）に支えられて存在するものですから、人の呼吸が続く限り、生きてそこに存在しますが、呼吸が絶えれば滅び去ります。

そのように、漢字の構成やそれぞれの意味や字義を見ると、たとえ欲望を抑えて謙虚に

生きても自分の真の「たましい」である霊性（本性）は救えないことが分かります。

理屈の通った正しい信仰を求める気持ちがあるなら、まずは「悟り」という字義を知って、「吾が心」がわが身の何処にあるのかということ、さらに、その心の真諦《しんたい》つまり本質を知ることが大切です。

『悟りを開く』その真意はまず「悟」の字の意義を知ることです。

「**悟**の字は**吾と忄**」、つまり**吾**は吾《われ》、私、**忄**は心を意味し、したがい**悟**は「吾が心」を指しています。これまで「**魂**」を「**吾が心**」としていた読者の皆様は、実際は「**霊**」が「**吾が心**」だと改めて認識しなければなりません。

「心身」と言われるように、心と身は互いに一個のものとしての名分がある限り別々のものですから、その「こころ」とされる霊性と魂と魄のうちの、真の心とされる霊性（本性）が体の何処にあるのかを知る必要があります。

そして、「吾が心」の居場所が分かったら、次に「開く」という意味を考え、「吾が心」は目下暗闇《くらやみ》の中に閉じ込まれていて、本来の役目を果たしていないことを理解し、その扉を開かなければなりません。

心の扉を開く意義は、魂魄が次々と生み出してきた苦しみの原因とされる因業（カルマ）と今現在抱いている煩悩、雑念を退治するために目覚めてもらう必要があるからです。

霊性（本性）が目覚めて本来の霊能力が復活できれば、これまでわが身を苦しめていた魂魄の働きを抑えて鎮め、そして、わが身を縛っている因縁因果という因業を解消することができるので、物事に執着することも薄れ、わが身が軽く安らかになります。

因とは原因であり、果とは結果ですから、苦の原因をなせば苦の結果があり、楽の原因をなせば楽の結果を受けるのは当然のことで、それは自業自得です。

その因果は、家族構成や人生上に関わるすべてに、また生命に、そして霊の変遷《へんせん》（四生六道輪廻）にまですべてを包んで天網恢々疎《てんもうかいかいそ》にして漏《も》らさずで、その因果応報は速やかでわずかも見逃さないと言われます。

これが人間に課せられた天律であって、有為無為にかかわらず一切の事象に及んでいますから、生きていく途上には、絶えず恐怖心がつきまとい、昼間忘れていても、ふと夜中に恐怖に襲われることがあります。また、死の恐怖、病に対する恐怖をはじめ、苦難、災難は場所を選ばず、不意に降りかかってきますから、私たちの心は一時も休まることはありません。苦しみ、悩み、苦痛、災難、病難などそのすべてが困厄《こんやく》という因果で、絶えず荒れ狂っています。そのような無常の苦しみが自分の身に迫ってきたとき、一体どうすればよいのでしょうか。

天道の『得道（正法）』を授かって悟りを開いていれば、自己の霊性（本性）と神佛とが一つになれますから、わが身を襲う四苦八苦の苦しみから逃れることができて、無事に安堵《あんど》が約束されます。

霊性が目覚めれば、これまで欲の誘惑に負けて悩んでいたのが、不思議と誘惑に相対峙《あいたいじ》しても迷わず、それを抑えることができるようになります。

天道の『得道（正法）』によって霊性が明らかになれば、仙佛と同じ資質を有することになりますが、しかし、理に背くことをすれば、霊性が暗くなって再び鬼魂に支配されてしまうので、自分自身をしっかり見守ることが大切です。

その霊性を理天極楽へ往生させるのが『天道』であり、その『道』を得るために修めるのが本来は教え（宗教）であって、この順序は古今東西一定して変わらないのが真理です。

悟りを開いて霊性を明らかにして目覚めさせれば、真の勇気が湧き出てきますから、そこで気を入れれば、心の誘惑に捉われることなく自分自身を見守ることができるようになります。

心の誘惑に勝てば、すべての雑念や煩悩に打ち勝つことになるので、これまで背負い続けてきた三世因縁の自縛《じばく》が解けて、そこに真の自由、観自在菩薩（神霊）が現れてきます。天道の『得道（正法）』を得た人はすべて来世へ生まれ変わる因根が断たれるので、輪廻することなく、この一生が終われば理天極楽へ超越でき、永遠の幸せが約束されます。

そして、霊的久遠の輝きを享《う》け、あまつさえ、後世の人々から惜しまない絶賛を受けることになります。これは、古の聖人仙仏が因縁因果のない観自在を得るために不退転の意志を堅固にして艱難辛苦の苦集、苦練を続けて煩悩業障を滅した結果得られた果報でもあります。

天道の『得道（正法）』こそが、古より求道者が追い求め、尋ね続けた明師《めいし》（點伝師《てんでんし》）の授ける後天（この世、三界）から理天極楽の浄土へ大往生させる悟りを開く一指、超生了死の（正法）です。天道の『得道（正法）』を授かって修道すれば九族（自分を中心として先祖・子孫各四代を含めた親族）みな理天極楽へ救われると言付けがあり、出家の要なく、在家のままに『道』を行えばよいのです。

さらに、終生修道して功徳を積み、一子成道すれば九玄七祖《きゅうげんしちそ》（先祖七代と子孫九代）

のことごとくが救えます。

天の命『一』を得る『得道』

『一』は物事の始まり『道』であり、万物・万数の起点であり、伸ばして両端を繋げば○《えん》となり、○は一を伸ばしたものでやはり一であり、一を縮めれば**「・(點《てん》)」**となり、その・點《てん》をさらに縮めれば無つまり0《ゼロ》(=**零《ゼロ》**)となります。

また、逆も真なりで、無つまり0《ゼロ》(=零《ゼロ》)は有つまり一點《いってん》・を生じて『一』を成すことになります。

この世のすべての有形体は、無(=零《ゼロ》)から生じたものですから、天地創造の本源が象徴され、**『天下の万物は一點の有から生じ、一點の有は無から生ず』**と言われ、また、**『道は一を生ず。一は二を生ず。二は三を生ず。三は万物を生ず』**とも言われます。

すなわち、一も〇も・（點）もその源は皆同じで無つまり0《ゼロ》（＝零《ゼロ》）です。

この世の森羅万象万物は、無から一點・の『一』で始まっていますから、『**一は万殊《ばんしゅ》に散《さん》じ、万殊は一に帰《き》す**』とも言われています。

つまり『一』から生じたものは、いずれ一に帰ると言われます。

故に、伏義氏《ふくぎし》は『**一《いち》を画《えが》いて開天《かいてん》となし**』と言い……天地創造の起点は一から始まったという意味。

老子様は『**一《いち》を説《と》いて天地《てんち》を生育《せいいく》する**』と言い……一の霊能力が天地万物を生成化育しているという意味。

孔子様は『**吾《わ》が道《みち》、一《いち》を以《もっ》て貫《つらぬ》く**』と言い……吾が『道』は『一』を以て天地を貫いている。

孟子様は『**夫《そ》れ道《みち》は一《いち》のみ**』と言い……『道』を言い表すには、この世に『一』以外ないと言われ、孔子と同じく天人一貫の理を解かれています。

人はその『一』を抱いて「**命《いのち》**」としていますが、その**命**は、

『天《てん》の命《めい》これを性《せい》と謂《い》い
性《せい》を率《ひき》いるをこれ道《みち》と謂《い》い
道《みち》を修《おさ》めるをこれ教《きょう》と謂《い》う』

と、孔子様は言われます。

すなわち、「**性**」とは人間の霊《たましい》のことで、それが奇妙にもこの小さな霊体つまり人間の**命**とは切っても切れない縁で繋がり、決して別個ではないので人間の霊性は神と言われます。**命**という字の冠《かん》は「人《ひと》、亻偏《にんべん》、ハ《ひとがしら》」で、人間の状態・行動などを表し、その下に『二』があり、さらに「**叩**」の字がありますが、人の「いのち」を意味するものとして『二』があります。

人間の生命を維持しているのは『二』の霊ですが、その霊の字は当用漢字の省略形で、本字は靈ですから、靈の字をひもとくと、靈の字の霝《れい》と零《れい》（0《ゼロ》＝無）の字は別体で、意味は同じです。

したがって、霝《れい》は零《れい》（0《ゼロ》＝無）ですから、人間の靈は、母親の陰部つまり地獄からではなく『無』つまり無極理天極楽からの誕生ということになります。

その霝《れい》の字の下に「神を呼び下ろす」巫の字があるのが靈の字です。

(雨5)【零】 ㊥ 日 漢レイ 呉リョウ(リャウ) 青líng おーちる こぼーれる ゼロ
㊁ レン 先lián

解字 形声。零、雨と音符令レイ(したたる意→瀝レキ)とで、雨のしずく、ひいて「おちる・こぼれる」、転じて、はした・わずかの意を表す。
異体 〔霝〕は別体。

⑥〘数〙レイ。ゼロ。他の数に加減しても値が変わらない数。正と負の境の数。また、全くないこと。

(雨9)【霝】 レイ こぼれる 〔零〕(一三九2)の別体

(雨16)【靈】 レイ たましい 〔霊〕(一三〇3)の旧字体

命は一ですから、𠆢《ひとがしら》に一を立てれば忄《りっしんべん》となり、その忄に叩の字を重ねれば、少々いびつですが、申の文字となり、これを「安心立命《あんしんりつめい》」と言います。逆から読めば「命立てれば心は安」で、第一章で述べていますが、安の象形文字は申です。

したがって、命は申であり、申は人間の靈の真諦だと言えますから、悟れば本来人間は神人合一《しんじんごういつ》、神人一貫《しんじんいっかん》だということが知れます。

さらには申の文字の中心に「・(一點)」を入れれば、つまり「八」の二点と合わさって「三を以て一を画く」ことになるので申の文字は申となり、その申に礻《しめすへん》をもってくると**神**の文字になります。

人間は『一』を抱いて**命**《いのち》としているのと同じで、人間は「一點・」を得ると**神**の存在にもなります。

また、**中**の字の**口**は○が転じた字ですが、○は辞典にはなく、○を表すのに**口**の字が使われていると解釈されます。

つまり、**中**の字の元は⦶で、それは太古の太極図☯から出来ています。

信仰の対象とされている宇宙の中心太陽を記号で表せば⊙となり、⦶《ラウム》に太陽の一點を得れば⊕となり、それを漢字にすれば**田**となります。

田の中の**十**はキリスト教の**十**字架、また**田**から**卍**《まんじ》が描けるので、**卍**《まんじ》は仏教を意味すると考えれば、中心の一點（・）は信仰上最も大切で不可欠な天の機密の「一點・」と言えるのではないでしょうか。

天道の御聖訓（**三天主考**《さんてんしゅこう》）
『大道《だいどう》は一理《いちり》を以《もっ》て万物《ばんぶつ》を包含《ほうがん》し、一理を以て万端《ばんたん》を貫《つらぬ》く。
天理《てんり》となり、日月星辰《にちげつせいしん》を運行《うんこう》し、地理《ちり》となって山川草木を慈潤《じじゅん》す。

人に在っては性理霊性《せいりれいせい》となり人体を統《す》べ、
万物一切須臾《しゅゆ》（片時、寸刻）もこの理より離れることなし。
一理を得れば大《だい》となり、大、一理を得れば天となる。
人、一理を得受《とくじゅ》すれば上昇して天界に入り、神仙と成就《じょうじゅ》するも
一理を失えば地府《ちふ》（地獄）に下降し鬼魂《きこん》と変ず。
一理は放てば六合《ろくごう》（天地四方）に充《み》ち満《み》ち、巻《ま》けば退《しりぞ》きて密《みつ》に蔵《ぞう》す。
人に在りては上昇下降はこの一理に依り、これより離れるものなし。
天地開闢《てんちかいびゃく》より収蔵帰源《しゅうぞうきげん》に至るに何ぞ、能くこの理より離れることありや。
一理は中央枢軸《ちゅうおうすうじく》にして物事一切《ものごといっさい》の本源《ほんげん》なり。……（略）
人、一度《ひとたび》苦悩《くのう》の川に落ち流されるや、勢い益々激しさを加え、
苦悩は苦悩を呼びて循環《じゅんかん》より遁《のが》れるを得《え》ず。
斯《か》かる時《とき》、一理を知り天理を究めれば、光明眼前《こうみょうがんぜん》に出現して救いの道を知る。
智慧光燦然《ちえこうさんぜん》としてその身を包み、一歩にして彼岸《ひがん》に赴《おもむ》き覚路《かくろ》に至《いた》る。
古聖《こせい》の修道《しゅうどう》は執着《しゅうちゃく》を遠理《おんり》して無我《むが》に至り、中《ちゅう》に帰《き》して一《いち》を守《まも》る』

以上のような内容から、人間の正体を解き明かせば、天の『一』である霊性を持つ人間を「万物の霊長」として最高位に位置づけている意味合いが分かります。

確かに、人間は文明文化を推し進め、そして向上発展させて他のものを支配し頂点に立っていますが、それは天から霊能と智恵を授かったお陰で、それだけでは他に勝っているだけで「万物の霊長」とは言えません。

意義と使命と責任を果たす人間としての尊厳を持っているからこそ神と一体となれる、それを自覚して誇りを失わない人間であってこそ神人同一、神人一貫ができて「神」に近づくことができるのです。

人間以外の四生と言われる禽獣《きんじゅう》や魚類や虫類は、「魂《こん》」という「たましい」を内在して生かされていますが、それはただ生きるという使命があるだけで、人間のように尊厳は内在されていません。

その人間の尊厳を失して、物欲、財欲、名誉欲、色欲などを貪り、出世、成功を目指して、その欲心を満たすために名利欲や物欲の虜となっている限りは、自己が保有している無形不滅の霊性の正体を探し当てることも、明らかにすることも、また究めることもできず、結局は四生六道輪廻の「途《みち》」に入り込んで冥界にさまよい、永遠の幸せを得ることなく苦しみ続けることになるのです。

この世は無常で常に変化していますから、お金や財物など有形のものに心囚われても「**空手で生まれ来て、空手で帰る**」、そのような**途**《みち》にいる限り濡れ手に泡の如く苦労して築き上げた名誉や地位、それに財物はこの世に置き去りにして逝くことになります。

欲心を抱いて吾を忘れている間に自らの霊光と『道』を失って真実の吾を失い、極楽往生の**戸**を開けずに**戸**の一點《いってん》を失い**尸**《しかばね》と化して一体何処に逝くのでしょうか。

戸と尸の違いは？　字の上の一點、一にあります

人間として今生きているということは霊魂が身体に入っていること、死ぬということは霊魂が身体から抜け出たことで、死体つまり**尸**です。

せっかく人間としてこの世に誕生したのに、霊性という『一』の「たましい」を忘れて、眼《げん》・耳《に》・鼻《び》・舌《ぜつ》（口）・身《しん》・意《い》の求めに応じて、その身を快楽で満たしているそれ自体が魂魄の誘惑に負けていることだと知らずに、わが身に捉われた途を走り続けていては、霊

性は自らの**命**を悟ることはできません。

魂魄が生み出す煩悩のおもむくままに生きると、マイナスの想念が邪念を誘発して世を害し罪を作り、終には永遠に浮かばれない四生六道輪廻の地獄途《じごくみち》に埋没してしまい、将来に禍根を呼び込む因果を積み続けることになります。

地獄の「**獄**」の字は、「**犭**《けもの》と**犬**《いぬ》」の字で「**言**《げん》」つまり「ことだま」を包み込んでいます。

「**犭**《けもの》と**犬**《いぬ》」に挟まれて、霊性は身動きがとれない状態です。

足りることを知って施し、分をわきまえて貪《むさぼ》りを戒めれば、災いが及ばないことを知るべきです。

この世人間世界は一時的な楽園で、それも四生六道輪廻の中の最上位にほんの一時いるだけにすぎません。それなのに、一途に身体の欲を貪り、己の身体を以て快楽《かいらく》・不正《ふせい》・姦《かん》淫《いん》・貪欲《どんよく》・恩愛《おんあい》・酒色《しゅしょく》の巷《ちまた》にふけり、あまつさえ過ちを犯せば冥土（地獄）に堕ちてむごい仕打ちに遭う罪を積むことになります。

それがために、老中様から与えられた『一』なる天性つまり霊性を失い、日々成すままに生活するうちに、それが習性と化して本来霊性が有する霊能が発揮できなくなっています。

霊能が発揮できなくなると人間としての尊厳が失われて自制を失い、争いや喧嘩《けんか》を始めるようになり、それがエスカレートすると利欲となり、色欲となり、名誉欲となり、物欲一途となって習性化してしまいます。

霊性を忘れて習性化しても、まだ半善半悪であれば、その時々に良心の呵責《かしゃく》を覚えて、幾分か悪い行為を反省悔悟しますが、『一』なる天性（霊性）をすべて忘れてしまうと平然と罪悪を犯し、礼儀も廉恥《れんち》もなく全悪のみとなり、四生中最も外道とされる化生《かせい》（虫類）・湿生《しっせい》（魚類）に堕ちて残霊と化し、二度と極楽への往生が叶わず湿性（魚類）だけ、あるいは化生（虫類）だけの転生を繰り返す悪循環から逃れられなくなります。

そのように、四生六道輪廻を転々として逃れられなくなっている人たちでも、原因があれば結果があるという真実を知って罪を自覚して懺悔《ざんげ》すれば愚も賢になり、罪業の汚れも清まりますから、それをいち早く覚って天道の『得道（正法）』を求めて授かれば、因縁解脱が果たせる幸運が得られます。

寿命が尽きて生涯を終えると、これまで積み続けてきた因業の数々を消滅することができ、六万年来の輪廻転生の悪循環から天上界へ昇るように軌道修正ができます。

　そして、天寿を迎えると同時に霊性を往生させて、理天極楽の天堂（楽園）へ迎え入れてくださるその妙法が天道の『得道（正法）』です。

　天道の『得道（正法）』は、かつては古の聖人のみが理天極楽の天堂（楽園）に直昇《ちょくしょう》することができる摩訶不思議な妙法《みょうほう》でしたが、今は老若男女誰もが授かることが許されています。

　中は、人間としての尊厳も責任も放擲《ほうてき》して、四生六道輪廻に沈み続ける吾が子、霊達を哀れみ、ここに慈悲と慈愛を以て『得道（正法）』を降ろして天道に導き、罪業の消滅と積徳の機会を与えて、そしてすべての霊の悲運を幸運に導き、理天極楽の天堂（楽園）へ救い上げようとなさっています。

　このことは、天地創造以来の宇宙の大奇跡であり、霊にとっての大幸運と言えます。

極楽往生と因果律

道を修めて徳を養う者は尤《もっと》も恐れるべき不徳を誘発するわが心の鬼、魂魄が私たちの肉体に宿り、人生途上における悪い因縁を生み出す役目を担っていることを自覚することが大切です。

俗世では魂魄という鬼魂《きこん》がどのような働きをするのか、身体の何処に存在するのか、まったく分かっていません。

しかし、俗世の修道者や信奉者はそれが分からないまま心の修養に努めています。

眼は物面《ぶつめん》を観《み》、耳は法音《ほういん》を聞き、鼻は清香《せいこう》を嗅《か》ぎ、舌は淡味《たんみ》を喫《き》し、身は粗衣《そい》をまとい、それらを調い修めて初めて「意」つまり心は無欲に徹することができ、それを続けることで「六根清浄《ろっこんしょうじょう》」が叶うとされています。

その由縁は、次の字に注目していただければ分かります。

冥土（冥途）は死者の霊が逝くという、あの世、よみじ（黄泉ともいう）です。

その「冥」の字の下に〝六〟という数字があります。

「六根清浄」の〝六〟という数を浄化して取り去れば、冥土すなわち四生**六道**輪廻の地獄途から抜け出して極楽浄土へ昇ることができるという含みがあります。

しかし、人はすでに前世、前々世といった過去世で成した因縁（原因）を持って生まれてきていますから、当然、その因果応報は今生の人生で清算しなければなりません。それも、古の聖人賢人や修道者のように家族や親族らと縁を絶ち、単独の「六根清浄」ならその身は修まるかもしれませんが、今はそのような環境の修道はとても無理で叶いません。

史記《しき》に、**『この世の幸不幸は、より合わせた縄のように、常に入れかわりながら変転する』**と記され、

また左伝《さでん》に、

『禍福は、あらかじめ定まった門から入って来るものではなく、悪を行えば厄《わざわい》が来、善を行えば福来る。幸不幸はすべて、自らの所業が招く』

と述べられています。

これは俗に言う因果である「原因あっての結果」の話ですが、しかし、今生で起こしたことが原因しての結果という因果応報ではなく、

宿命と言われる因果は人生上での幸せや喜びなどの吉兆や、また途上で起きるあらゆる困難や恐怖の大部分は過去世での因縁からきている因果応報だと言われます。

天道の御聖訓《ごせいくん》に、（考試院長《こうしいんちょう》）

『人生は盛衰《せいすい》の周園《しゅうえん》を繰り返し、歴史は興亡《こうぼう》の終始に明け暮れ、富貴の後に貧賤《ひんせん》あり、禍辱《かしょく》（わざわいとはずかしめ）の果てに福栄《ふくえい》あり、盛衰の終わりに衰敗《すいはい》あり、失害《しつがい》の裏《うら》に利得《りとく》あり、人はそれを笑い、それに泣くも、陽の陰を抱くが如《ごと》く（☯）、善《ぜん》業《ぎょう》の極《きわ》みに悪念《あくねん》を孕《はら》み、陰の陽を抱くが如く（☯）、悪徳《あくとく》の末に善種《ぜんしゅ》が芽生え、無常の因縁を一時も定《さだ》む能《あた》わず。

無情の果応《かおう》（よい応報）を一場《いちじょう》も止《と》め能《あた》わず。

この遮《さえぎ》られなき因果律《いんがりつ》こそ、天の厳しき掟《おきて》にして三界の哀しき宿命なり。

ここ（因果律）より苦しみは湧《わ》き、悲しみは流れて、罪は罪を誘い、

業は業を捲《ま》きて群生《ぐんしょう》（生命あるものすべて）は四生に離《はな》れ（転生し）六道に散るなり。

欲望を断たぬ限り善は悪の因《いん》となり、また善も悪の果《か》となり、

錯綜《さくそう》し、退転《たいてん》して流浪《るろう》三界《さんかい》に迷《まよ》い続くなり』

とあります。

世の人々は生活上に生じた困難や問題に対して、「やってしまったから結果こうなった」「やった以上は責任を負う」という程度に考えていますが、実際は災難や困難な問題が起きること自体が、すでに決まっていることなのです。

人生上に起きる悪い出来事は、すべて原因結果であって、偶然でも突然でもなく必然的に起きているのです。過去世から引きずってきた負い目祟《たた》り目なのです。

故に、仏教では、**『六門《ろくもん》を厳《きび》しく閉《と》ざせば六道《ろくどう》に通《つう》ずるを免《まぬが》れる』**と教えています。

古の聖人や賢人が悟りを開いて極楽往生する『道』を追い求めたのは、因縁の恐ろしさを理解したからにほかなりません。因果律とは、人間一生における善悪の行為の報いを現世で受けるか、あるいは死後に審判されてその善悪の行為に対して賞罰が決まり、来世においての責任が負わされることです。

とりわけ、最も恐れるべきことは、「四生」といって人間の霊が動物類、鳥類、魚類、虫類に転生させられるか、「六道」の餓鬼、畜生、地獄の道に堕とされることです。

これは、霊性を有するものが六万年来背負い続けてきた絶対的な定めで、決して切り離すことができない最も厄介な因果律ですから、今となって人間自らの修行や努力だけでは解消できるものではないのです。

因縁解脱を果たすために、ただ「六根清浄」の行を続けても、魂魄の働きを鎮めるだけで、少しでも油断すると魂魄が再び働き出して通常の生活に戻ってしまいます。

「六根清浄」は心身の清浄に努めるにすぎないからです。

〝悟りを開く〟ことは、「六根清浄」を乗り越えて、その身にまとわりついている因果（業・カルマ）を霊自体からきれいに拭い去り、一点の穢れもない清浄《しょうじょう》無垢《むく》な霊性に戻し、そして神仏の境界に昇る極楽往生の扉を開けることですから、当然、天の摩訶不思議な妙法が必要です。

それは、人間が生まれる時に理天極楽から降ろされた霊性が身体に入ることで、神が宿って神子《みこ》となりますが、その霊が「霊の正門・玄関」から身体に入ると同時に閉められたままになっているので、死後再び理天極楽に戻るには、誕生時と同じ玄関から霊が出て霊の故郷である無極の極楽浄土に昇る必要があるからです。

往生の「往」は往復を意味しますから、生まれきた道を再び戻らなければ「往」にはなりません。誕生と同時に閉められた「霊の正門・玄関」を再び開けることが「悟りを開く」ことになります。

しかし、人間がいくら艱難辛苦の厳しい難行苦行を続けて悟りを追い求めても、「霊の正門・玄関」の開け閉めは神の御業《みわざ》ですから、神の意に適わなければ開けることは叶わないのです。

それが分からず、俗世の各宗教宗派は信心すれば誰でも浄土に渡れると、安易な言葉で人々に教えを施していますが、それは暗昧《あんまい》（道理に暗く愚かなこと）で、一般信徒が迷いに迷って暗に苦しんでいるのは、各宗教宗派の師と仰がれている方々が、お釈迦様が説いた『正法眼蔵』の悟りの道の真義が分かっていないからです。

有形無形にかかわらず、霊が存在する世界すなわち霊界は**口**三つ（気天界・象天界・地獄界）がすべて天の理法に従って天地流行し、輪廻しています。

輪廻の「**輪**《りん》」とは**輪**《わ》であり、「**廻**《ね》」とは、周り転じて止まない状態を言います。因縁の因の字の**口**は=◯で、法の輪ですから、その**口**から抜け出さない限り、**大**の字は永遠に**囗**に閉じ込められたままで法輪の中を巡り続けて止むことがありません。

ちなみに、**大**の字は一と**人**、つまり天の『一』を持った人が**囗**（法輪）の中に閉じ込められています。

その法界にいる私たちが求めて止まない「永遠の幸せ」は生きていく苦労、老いる哀しみ、病気に対する恐れ、死に逝く哀しみでは決してないはずです。

天道の『得道（正法）』で因縁の**囗**（法輪）から**大**を救い出して、『一』なる本性つまり、霊性を**囗**（法輪）から解き放って因縁解脱させ、そして因果のない自在の身、**観自在菩**《かんじざいぼ》**薩**《さつ》にすることが必要です。

例えば**囚人**《しゅうじん》の場合、**囗**《かこい》（刑務所）から刑を終えて出れば自由の身になるように、**因縁**の場合も**因**の**囗**から抜け出せば因縁解脱となり、因果のない自在の身、**観自在菩薩**となるというわけです。

誰もが求めてやまないのは、『極楽』つまり「楽を極める」と書くように、因果応報がなくとこしえに楽なところだという意味があるからに他なりません。

それに反して、お釈迦様が人間世界を「苦の世界」と位置付けたその真の理由は、本来善を行う人間の霊性を差し置いて体内に棲み欲を貪る魂魄が、わが物顔で罪過を作っては四生六道輪廻を余儀なくさせる原因を霊性に背負わせて人生を送らせているからです。霊は魂魄が行った罪過の責任を背負わされて四生六道輪廻に迷い込んで、そして罪深い因果律を背負って三界（気天界・象天界・地獄界）に生き続けることになります。

これを三世因縁と称しますが、前々世、前世そして現世へ、そしてまた来世へと背負い続けて止まることがありません。因果律は誠に恐ろしいもので、いくら権力があっても、いくら富み栄えていても、いったん因果を背負えば万々年背負い続けねばなりません。

六道とは、まず天上界に昇った霊つまり気天神《きてんしん》と阿修羅神《あしゅらしん》、それと人間の三趣《みしゅ》が陽界と言われる上層（天上〜土の上）にあり、その下つまり土の下と言われる陰界の下層に餓鬼、畜生、地獄の三趣《みしゅ》があり、その上下層を合わせて六道と言います。

また四生は、この世に肉体を有して魂《たましい》がある生き物のことで人間を除いて動物類（胎《たい》生《せい》）、鳥類（卵生《らんせい》）、魚類（湿性《しっせい》）、虫類（化生《かせい》）の四種を言います。

以上、四生と六道を合わせて四生六道と言いますが、四生に「生」の字がそれぞれに付けられているのは、人が死ぬ時その人の霊が四門《しもん》と称される眼・耳・鼻・口の穴、計七つの穴から出ると、その類に生まれ変わることからそう言われます。霊が眼から出ると鳥類に、耳から出ると動物類に、鼻から出ると虫類に、口から出ると魚類に転生することになります。

故に、**肉**という文字の部首「冂《けいがまえ》」の中に**人**《ひと》、**人**《ひと》の二文字が入っています。

また、人間も「裸生《らせい》」と称され、「六道と生」の二つの道を保持しているので、人間道から外れて万が一にも四生に転生すると、四生のいずれかに転生しては死に、また、四生のいずれかに転生しては死に、を九度繰り返した後、やっと人間に生まれると言われます。

それが「九死に一生を得る」という意味で、人間の霊はそのような転生を永久に止まることなく繰り返しているのです。人間も極に達すれば四生に転生し、四生も極に達すれば人間に生まれるということです。

功徳円満な人以外の霊は、死ねば四門から出て四生に転生するだけではなく、人を呪わば穴二つで下腹部に地獄の奥底に堕ちる門がさらに二つあり、合わせて身体にある六門から出ることになります。

霊は、四生に転生することによって空を飛ぶこと、陸を走ったり這《は》ったりすること、水中を泳ぎ潜ること、さらに協力し合うこと、睦み合うこと、争うこと、奪うこと、食い合うことなど、さまざまな生き物が持つ習性を携《たずさ》えて再び人間に舞い戻って四生で覚えた知恵を持って人生を送ることになるので、常に人間は五霊の性（人間・動物・鳥・魚・虫）

【四生図】

【眼《げん》】➡卵生《らんせい》・鳥類

派手に着飾ったり賑やかな色彩をむさぼり過ぎると、臨終の時に霊は目から出ます。

来世は卵生に転生し、鳥類、羽類に転じ、獲物を探して飛ぶ鳥、クジャクなどの鑑賞用の鳥、鶏などの食用の鳥になります。

【耳《じ》】➡胎生《たいせい》・動物類

自ら好んで人の噂や悪口、邪言を聴き過ぎると、臨終の時に霊は耳から出ます。

来世は胎生に転生し、午・馬・羊・ロバ類に生まれ変わります。耳は人の言葉に通じ、人の声に従うように使われ、荷物を運んだりします。

【鼻《び》】➡化生《かせい》・虫類

汚く臭いのも平気で、異臭を嗅ぎすぎると、臨終の時に霊は鼻から出ます。

来世は化生に転生し、蚊・ハエ・うじ虫類に生まれ変わり、不潔な臭気を求め続け、人の血を吸ったり生物を死に至らしめる菌を媒介します。

【舌《ぜつ》（口）】➡湿生《しっせい》・魚類

人の名誉を汚す、節義を損なう、悪口を言い過ぎると、臨終の時に霊は口から出ます。

来世は湿生のウロコ類といわれる魚類に転生し、水中を住み家とし、パクパクと口を動かし続け、水を飲み続けます。

『得道』に巡り会えずに亡くなった人で、生前は常に品行方正で善良な行為をしていた人は、高い身分や地位に生まれ変わることができます。しかし罪業を犯した者は、臨終後の霊は餓鬼・畜生・地獄に堕ちていきます。

を持って生きていると言われます。

嘆かわしいことに、今の人間は肉食がほとんどですが、故事に「四斤食《よんきんた》べれば四斤返《よんきんかえ》す」と言われるように肉を食べた人間のほとんどは死後「食べられる側」に転生し、食べて、食べられることを余儀なく繰り返しています。

その中でも、善知《ぜんち》を働かせて道にいそしんだり、難行苦行して道を求めたり、あるいは世に道徳を以て貢献した方や人類に恩恵をもたらした人の霊は、寿命が尽きて死ぬと福神に導かれて、いったん陰府（地獄）に入り、そして冥王《めいおう》（閻魔大王《えんまだいおう》）に在世の功徳が審判されて、徳が認められれば神として気天に昇り、気天神（温容で心の清浄な神様）あるいは阿修羅神（政治、経済、武道、スポーツ、軍人など闘争心のある神様）に任じられて守護する立場に任じられます。

我々の目に見える青空の天を「気天」と言い、日月星辰を包含している天上のことで、地に対する天（陽）を指します。

また象天は気天に対する地（陰）つまり人間をはじめ、生命体が住む地球上を範囲としていますが、気天での滞在には際限があり一時的で、象天と同じく終始本末があり、生前立てた徳に対する報いの期間が尽きると、再び人間界に出生しなければなりません。

今生で悪智恵を働かせて道を外すと、一番行きたくない地獄の刑場に堕ちて犯した罪過の処罰を受けることになります。地獄は実に凄惨で残酷な刑罰場で、亡くなった人間のほとんどはここで現世の罪の処罰を受け、そして幽冥界《ゆうめいかい》にて亡者霊《もうじゃれい》、幽鬼霊《ゆうきれい》、悪魔霊《あくまれい》として残化して服役するか、人間に転生して餓鬼、畜生と呼ばれるような生活を余儀なくするか、あるいは薄幸でむごい仕打ちを受けるか、身体の不自由を託《かこ》つ人生を送るかなど、この世で地獄の責め苦を受けることになります。

もう一つの天は、「無極理天極楽《むきょくりてんごくらく》」という境界で、神・仙・佛・聖と言われる神佛の世界です。天道の『得道（正法）』が一般化する前までは辛苦を厭わず相当な徳を積んでも、一時期に一人と言われる、ごく少数の人しか昇れない浄土の境界で、その頂点には老中様が在《ま》します。

理天極楽は永久不滅で常に変わらない天で、始まりもなく終わりもない無死無生の境界ですから、真の極楽境で因縁因果などの拘束は全くありません。その喜びや物事の自由自在はこの世でのわずか一時の喜びや幸福どころではなく際限なく続いて失せることがない不老不死の世界です。

理天は、もともと我々霊性の故郷であり、この世三界（気天界・象天界・地獄界）にさまようすべての霊が皆この世に降生した出発点でもありますから、同じ『道』を帰る、戻るつまり〝往生する〟という言葉があるのです。

今や人々は、四生六道輪廻の迷路（地獄途）に堕ちて罪を重ねて理天極楽に往生することができずに三界変転を余儀なくしています。

老中様は、その悲惨な霊の姿を哀れみ、**救霊《きゅうれい》の道**として天道の『得道（正法）』を天命として降ろしてくださいました。

救霊とは、本性つまり霊性を救ってくださる『道』のことです。

「天道」は『得道』するための『道』で、霊にまとわりついた因縁を解脱させ、罪障《ざいしょう》のない本来の純粋無垢な霊性に戻して極楽往生させて救う役目を担っています。天道は正統の『道』で、絶対神秘にして人為的に歪曲した宗教的な「途」ではありません。

『道』の妙訣《みょうけつ》は神秘的に口を以て伝え、「教外別伝《きょうげべつでん》・以心伝心《いしんでんしん》」で恭《うやうや》しく天命を受け継がれていますから、古来、経典や仏典、聖書等には記載も公開もされていません。

昔は難行や苦行をしなければ『道』に縁を得ることができませんでしたが、今は望めば天道の『得道（正法）』を授かることができますし、授かった後束縛するようなこともなく、今までどおり生活を続けながら、本来の人間としての尊厳を守って、**老母**を信仰して暮らせばよいのです。

真の神の『道』は一度天道の『得道（正法）』を授かるだけで、これまでの因果の根は切れ、残るのは残りの人生に降りかかってくる因果応報だけですが、それもわが身では防ぎ切れない災難や障害や事故などが襲ってきた瞬時に応報の因果は消滅し、無事を得させてくださいますから、その身は守られて生涯を過ごすことができます。

一生に一度だけで二度、三度と法を授かる必要はありません。

それが天道の『得道（正法）』です。

天から戴いた命

この世に赤ちゃんが誕生する時、天からの『道』によって、その身体の「霊の正門・玄関」の入り口から霊が入れられることで一声を発する、つまり、その産声《うぶごえ》が**性命**誕生（霊

＝命）の出発点となります。

天道ではその入り口を『得道（正法）』によって開破《かいは》することを〃一竅《いっきょう》〃と言います。

その入り口は
『我《われ》を生《う》みし門《もん》、我《わ》が死《し》する戸《かど》』

と言われ、誕生の時つまり本性（霊性）が、人間の身体を借りてこの世に命を得るとき、理天極楽からの『道』によって降ろされた本性（霊性）が身体の「霊の正門・玄関」から入るその門が、**我《われ》を生《う》みし門《もん》**です。

また、一生を終えて本性（霊）が死脱《しだつ》する時に同じ玄関から出れば、**我《わ》が死《し》する戸《かど》**で〃往生〃つまり生まれきた時も、帰る時も、同じ玄関であれば理天極楽に往生することができるということです。

戸《かど》の字の上の「一」つまり戸のノブが誕生と同時に金鎖《きんさ》（鍵《かぎ》）で施錠《せじょう》されて閉まったままですから、明師《めいし》の一竅《いっきょう》でノブの「一」を取り戻さない限りは、死脱するとき戸が開けられずに「尸《しかばね》」となって地獄に堕ちていきます。そのような意味合いから、古の聖人や修道者は悟りを開くために、天の秘密義を追い求めて苦修《くしゅう》も厭わず天道を探し続けたのです。

理天極楽へ直上する、すなわち〝往生〟が叶う**戸**の『一』は原始であり、原点であり、天地創造の源ですから、『道』の字には「首」の字が乗っかっています。

よって「首」の意味するところは「はじめ、はじまり、最初」とあり、首が辶に乗ると『道』となり、意味は「ことわり（理）、宇宙の本体。根本原理」と解釈され、また「人の守るべき条理。正しい道筋。教え」となります。

以上のようにみますと、『一』は霊＝『道』ですから、『一』が含まれている**命**の尊さ大切さが知れますが、その**命**の大切さを物語っているのが「**運命を全うする**」という言葉です。

「**全うする**」ことは、最後までやり通す、やり遂げるという意味ですから、当然その意味するところを変えることはできません。つまり運命には「**命を運ぶ**」という絶対**天命**が賦されていますから、「天が命じたところへ運び帰す」使命が背負わされています。

故に、その責任を「**全う**」しなければなりません。霊性は、人が死んでもまた他の体を借りては生き、また死んでも他の体を借りては生き続けて、生と死を幾度も幾度も繰り返しては、天から授かった**性命**（**霊性**）を運び続けて「**運命全う**」を果たそうとするのです。

そのような霊性の変遷《へんせん》を四生六道輪廻と言いますが、それは霊が不滅だからできることです。宿るたびに変わる体《からだ》は「仮体《かりたい》（体を借りる）」と言い、その体は有限ですから寿命が尽きれば滅して消え去りますが、霊自体は不滅ですから朽ちることなく「**運命を全う**」するまでこの世三界をさまよい続けて限りがありません。

「極楽往生」「大往生」という言葉があるように、身体の「霊の正門・玄関」から入った霊は再び「霊の正門・玄関」から出て極楽天に復《ふく》することが往生の「往」の意味するところで、他の七つの穴、四門から出て四生に、あるいは六道輪廻に入ってしまうと「**運命全う**」を果たすことが難しくなります。

霊は人間の体を借りてこの世に生まれたわけですから、霊が再び天に戻るためには再び人間に生まれて、そして誕生時に霊が入った同じ場所「霊の正門・玄関」から出竅《しゅっきょう》しないと理天極楽に帰ることができないからです。

世間では運命は変えられる、宿命は変えられないと言われていますが、これは全く逆です。宿命の宿は「やどる」つまり善因善果、悪因悪果といった因果の業（カルマ）が宿っていることを指していますが、言葉には宿下がり、宿替えという言葉があるように、宿った悪い因縁は徳を積めば、当然断ち切って変えることができます。

宿命は功徳を積む、つまり考え方を善意にすれば変えることができるのです。「全うする」とは終える、完了するという意味で、「運命を全うする」という言葉はあっても「宿命を全うする」が見当たらないので、当然、宿命は全うする必要のないもので、その深意《しんい》は変えられるということです。前世、前々世といった過去に結ばれた因縁は、再び人間に転生する時期が来て「**命**」を得ると、その因縁は「宿命」という名に転じて、**命**に**宿**ります。

結果、その人の容貌、性格、境遇、運などが定まり、人生が新たに始まるわけですが、その宿命が人によって異なるのは一人一人の生年月日と生時が違うからです。因縁は宿命、宿命は生年月日と生時に宿っていることになります。人生いろいろと言われるように、吉凶禍福は因縁の内容により異なって現れるのです。

運のいい人悪い人、財福に恵まれる人、貧困の人、健康な人、病弱な人、五体満足な人、五体に欠ける人などさまざまで、この世に生まれてきた限り因縁は因果という運に姿や形を変えて人生途上に報いとなって現れ、人それぞれに悲喜交々《ひきこもごも》、苦楽や障害災難を与え続けます。

その苦しみに耐えられず自ら命を絶つ人がいますが、死んだらそれで終わりではなく、命を絶ったという悪因はさらにプラスされて転生する先々までも厳しくつきまとって、その報いを完全に清算するまで追い続けてきます。

たとえ宿命の中の一つの因縁を解消しても、前世、前々世で作った罪過は限りなく、また現世でも別の因縁を結んでは因業を増やし続けているわけですから、来世もまた応報で苦しむことになります。人間自体不幸を抱いている因果の塊《かたまり》といっても過言ではないのです。宿命の「宿」には「とまる、規制する、動かない、古い、以前から、前々から」という意味が含まれていて、切り離すことはなかなか容易ではありません。

人は「業《ごう》（因縁、カルマ）が深い」と言われ、その業の原因は、前世、前々世と言われる過去世にあり、それを心の奥底に秘めて生きているのです。「業」を一つ一つ消していくことが自らの**命**（霊性）を清めていくことになりますから、俗世で言われる「徳を積んで、来世幸せになろう」という言葉は、生まれ変わること自体が因果であり、報いであり、罪過《ざいか》の贖《あがな》いでもありますから、決して業《ごう》（因縁、カルマ）が解消されたわけではありません。

人生を繰り返すことは、生死を止めどもなく繰り返すという事実で、今の一生が終われば、また次の一生が待っています。因縁がまた因縁を生み、その因縁がまた因縁を生み続けて止むことがありません。

『人《ひと》は寄《よ》る辺《べ》無《な》き宿《やど》（この世）に仮寝《かりね》し、因果応報の山路《やまじ》を罪《つみ》の重荷《おもに》を背負《せお》いて当《あ》て処《ど》もなくさ迷《まよ》い歩《ある》く旅人《たびびと》に似《に》たり、何処《どこ》に永住《えいじゅう》のねぐらを見《み》つけ、何時《いつ》に安楽《あんらく》の旅日《りょじつ》を終えるや』と言われ、三界に安住の地、安楽の地はいくら探してもないと言われます。

それを誕生の「誕」という字が物語っています。

（言8）【誕】㊁（言7）【誕】漢タン 㫗dàn

解字 会意形声。 言と延（エン）（タン）（ひきのばす意）とで、ひきのばして大げさにいう、でたらめの意を表す。借りて「うまれる」意に用いる。当用漢字は俗字による。

意味 ①あざむく（欺）。むやみに大言をはく。「欺誕」②いつわり。でたらめ。おおげさなことば。「誕言」③ほしいまま（放）。気まま。しまりがない。「放誕」④おおいに（大）。ひろく。ひろい（広）。「誕告二万邦一」〔書経・湯誥〕⑤うまれる（生）。＝旦タン。「生誕」⑥そだてる（育）⑦ここに。まことに。さて。

ではいったい何時、このような旅路は終わるのでしょうか。

運命は「命を運ぶ」で、定められた目的地まで「**命**」を運び終えることが「全う」になりますから、変えることも、断ち切ることも、中止することもできません。

四生六道輪廻から逃れて「**天の命**」を霊性のふるさとである理天極楽に持ち帰った時、その瞬間……「運命を全う」したことになるのです。

それを孔子様が説かれています。


「天《てん》の命《めい》、これを性《せい》（霊）と謂《い》う。

性《せい》に従う、これを道《みち》と謂《い》う。

道《みち》を修《おさ》める、これ教《きょう》と謂《い》う」


この言葉には、「その命はどこから運ばれて来て、どこへ運び帰せばいいのか」が示唆されています。

「天《てん》の命《めい》、これを性《せい》（霊）と謂《い》う」とは、**命**から**性**、**性**から**霊**ですから、誕生のおり、霊性は身体の「霊の正門・玄関」から入って、そして性命を宿したわけです。よって、その性命誕生の謎とされる流れは『道』が主導して行われたことが知れます。

ですから、因果の法則を終焉にして**霊**から**性**、**性**から**命**に帰すにも『道』の主導が欠かせないのです。**霊**を**性**（本性）に戻し、その**性**（本性）を**命**に戻すためには、まず霊性が持つ因縁を浄化して因縁のない円卓透明《えんたくとうめい》な本性（霊性）に戻し、そして『道』に従って本性（霊性）を**命**に合すれば天に帰ることが叶います。

その**命**に帰る法が天道の『得道（正法）』であるわけです。

天性は本来純陽で穢れなく曇りがありませんが、現世の霊には魂魄から受けた因縁という汚れが付着していますから、努めて汚れを払拭する必要があります。

このことを老子様は、

『人心《じんしん》（魂《こん》、魄《はく》）死ななければ道心《どうしん》（天性《てんせい》）は生まれない』

とまで厳しく戒めているのは、魂魄が生み出す煩悩（一切の欲望・執着や怒り・ねたみなど）があまりにも強いので、善の霊はそれに打ち勝つことができず、性命を維持する務めをいじいじとして果たすだけで、魂魄のなすがままに人生を送っていますから、老子様は「**人心**（**魂、魄**）**死ななければ**」と戒めているわけです。

『得道』して本性である霊を本来の神という霊性に戻せば、神通という霊能が復活して魂魄の働きを鎮め、これまで積み続けてきた因縁を断ち切ることができます。

そうすると、自然に「道心（天性）」が復活してくるので、人生途上に立ちふさがってくる因果応報という障害がことごとく消え、人生が非常に送りやすくなります。『得道』以後の人生にその兆しを感じるようになってくれば、本性（霊性）を取り戻したことが分かります。そして、以後の行いに磨きを掛けて『道』を修めれば本性（霊）はますます強くなりますから、**命**に立ち戻ることができます。**命**に立ち戻ることを「**立命**」と言い、そこに安心が宿るので「**安心立命**」となります。

「**命**」の字は**人**《ひとがしら》、**一**《いち》、**叩**《たたく》の三文字で構成されていますが、「いのち」を示す文字は「一」にあることになります。

人《ひとがしら》は人つまり人間を意味します。

続いて、辞典に「一」の意味を探ると、「はじめ（初・始め）、第一、物事の始め、最上のもの、根本、原始、まとめる、まじりけがない、まこと」などが記されています。天地創造、生命誕生、物事の始まりなど「**命**」に値する物事が載せられています。

また、辞典に**命**の字の意味を見ると、「天の定め。天の意向。天から与えられるもの。道。人間としての務め、使命。生まれつき備わっているもの、性命。巡り合わせ、運命。命、寿命」などが記載されていますが、そのように見ますと「一あっての命」ということになります。

そして、「叩」ですが、「たたく、ぬかずく、自覚させる、開きうごかす」とあります。

以上から〝命〟の字に秘められたその内面を推察すれば「人は一にぬかずく」「人は一を自覚する」「人は一を開き動かす」が挙げられます。

そのように、〝命〟の字の意義を探れば人間性命の根元「一」が私たちの命だということになります。

以上から、人《ひとがしら》、一《いち》、叩《たたく》の三文字の一つ一つを『安心立命』という語に従い組み替えて見ますと、「命」の字の核心に迫ることができます。

つまり、『安心立命』の語を下から読むと「命立てれば心は安」となります。

命と推測される一を人《ひとがしら》に立てれば个となりますが、一をさらに上に伸ばせば忄《リッシンベン》となります。その忄《リッシンベン》に叩の字を重ね合わせればいびつですが、中《ラウム》の字になります。

人間は中《ラウム》さまから『一』の命を授かり、性命を維持していることは明らかです。その『一』の命が中《ラウム》であり人間の霊ですから中《ラウム》の子、人間は神霊と称せられるのです。

中《ラウム》さまが降ろされた天道の『得道（正法）』は中《ラウム》のお膝元、無極の極楽浄土に帰る法でもあるのです。

元始の『一』を得て観自在菩薩に

生まれ変わって人生を繰り返すことは、生死を止めどもなく繰り返すという因果律で、今の一生が終わればまた次の一生が待っています。

そのような輪廻転生を一日でも早く終わらせるために、神から戴いた『一』なる〝神霊〟を早く取り戻して**因果のない逍遙自在**《しょうようじざい》**の霊性＝観自在菩薩**《かんじざいぼさつ》にしないと、因縁がまた因縁を生み、その因縁がまた因縁を生み続けて、四生六道輪廻に囚われたままになってしまいます。

幸福も、**喜**びも、**嬉**しい時も、**吉**兆《きっちょう》も、**真**実も、親**孝**行も、功**徳**を積むのも、誰もがみんな探し求めてきた極楽を意味する『一』が字の上に収まっています。

最も身近にあって、最も親しんでいる文字に幸せの謎が込められているのに、あえてそれを無視して、幸せの字から『一』を取り去った辛《つら》い人生を選んで四生六道輪廻している人々が大勢います。

これは極楽への『道』を得た者からすれば、実に哀れです。

人々は生活や欲望を満たすために汲汲と働き、そして子孫を絶やすことなく時代を乗り越えて今日まで懸命に血の繋がりを保ち続けてきていますが、それはただ子孫繁栄を願ってのことでしょうか。

決してそれが目的ではないと思います。先祖の一人一人が乞い願った「何もの」かがあったはずです。

その乞い願ったものが自分の生存中につかむことも、得ることもできなかったからこそ子孫にそれを託し、先祖は四生六道輪廻を余儀なくして旅立って逝ったのです。

乞い願ったものは、暗黙の了解「一族の永遠の幸せ」ただそれだけですが、なかなかその**辛**の字に『一』を乗せると**幸**の字になる『二』の『道』を見つけ出すことも、得ることもできないで、今もなお苦しみ悩みながら汲汲と生き続けています。

その『二』の霊性は、いつも一人一人の中に生き続けて存在し、本来誰もが持っている善の心を目覚めさせようと躍起に働きかけていますが、それでも目覚めない人々は吾が心を鬼の「**魂**《たましい》」と信じて振り返ろうとはしません。

霊性が善の心に目覚めれば『一』の意味するところを理解できるのですが、誠に惜しいことです。

「仏様のお顔をしっかり見なさい」そして

「そのお顔の額《ひたい》に丸い一点が印《しる》されているのを、まざまざと見なさい」そして

「人間の霊が極楽往生する入り口がそこに暗示されてあるから」と教えてあげたいのです。

神仏が願って止まないのは、宇宙三界に存在するすべての霊が求めて止まない永遠の幸福への入り口、つまり極楽浄土へ昇る往生の入り口は天機（天の秘密）で、決して仏様の額のその場所ではありませんが、暗に仏様の額《ひたい》に示唆されています。

その天機の一点を開いて悟りを開けば、霊の故郷である理天極楽に帰り、先祖代々が願っていた永遠の幸せが得られる、ということです。

いくら未練がましくこの世での栄耀栄華《えいようえいが》を追い続けても、人は「裸性《らせい》」である限り、裸で生まれてきて裸であの世に旅立っていくのです。ただあの世に旅立つとき持っていくことができるのは現世での功徳と罪過だけで、形あるものは何一つ手にすることはできないのです。

一元十二会先天八卦図

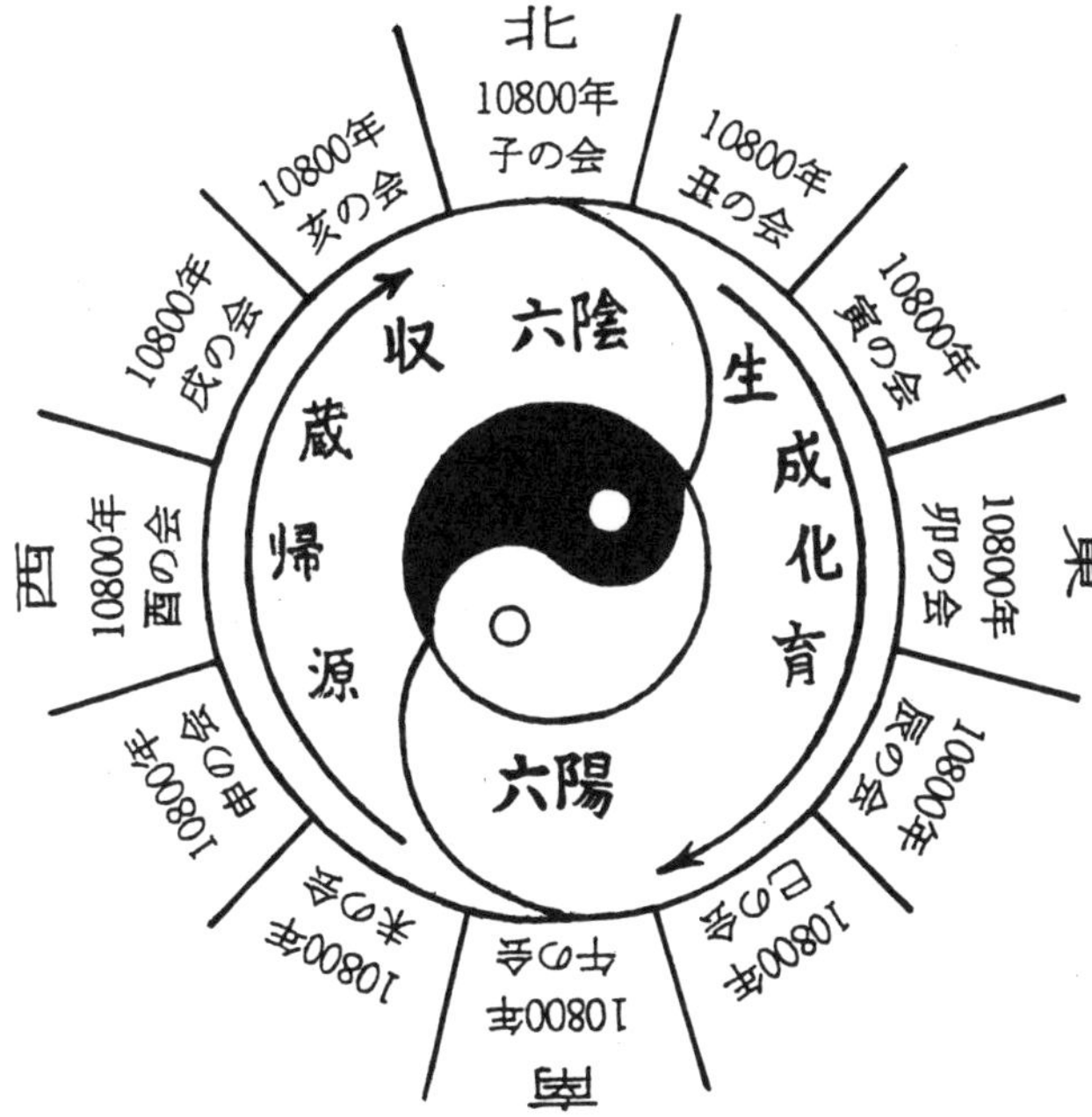

元会積成図

	元（12会）	会（30運）	運（12世）	世（30年）	年（12月）
元	1				
会		12			
運			360		
世				4320	
年					129600

死ねばまた新たに何物かの体を借りて生き、また死ねばまた何物かの体を借りて生きる、それを百編も万遍も繰り返して四生六道輪廻を続けても途上の**〝途《みち》〟**である限り**中途、途中**で、因縁に囚われている以上は始まりも終わりもなく宇宙三界に無限に居続けるのです。

神から戴いた幸福のシンボルである『一』を一刻も早く得て、輪廻転生の迷路から因縁解脱させて、自らの霊を観自在菩薩《かんじざいぼさつ》（因縁の無い逍遥自在の身）にしなければなりません。然《さ》も無《な》いと、暗黒の世がやって来て再び真の幸せを得ることができなくなります。

つまり、宇宙は理数といって最初から最後まで計算して創造されているので、明があれば暗があるが如く時運が巡れば人類滅亡と言われる末劫《まっきょう》現象が起きることは古から言われています。

宇宙を巡る時運（十二万九千六百年）は天律《てんりつ》（天が定めたもの）ですから、太極図に見られるように生成化育の明るい六万四千年間の六陽《ろくよう》の時代が幕を閉じて、六陰《ろくいん》の時代を迎えると、明《めい》から暗《あん》の世界と変わり暗黒の世界が六万四千年間訪れます。これは天運の定めるところで、この世はあくまでも理数（天が定めた数）ですから、これは間違いなくあり得ることです。

今まさにその暗黒の陰の時運に入る間近にあり、この陰陽逆転《いんようぎゃくてん》の象《かたち》がすべての事象にいえる時代に入っていることを太極図は示しているわけです。

時が至れば世界中の至る所で水火風の大きな三災が起きます。

これは近年の世界状況を見ても、火山の爆発や地震、温暖化や天候不順、熱波や豪雨、洪水、干ばつなどが至る所で起こっており、大災難が近づきつつあることが予測されます。年々自然災害は頻度を増し、また来年は今年よりも増して、さらに悲惨な状況が報じられています。時は進み、干ばつとか洪水などの天災によって、飢饉や寒冷の大災難が起きて、全世界至る所ですべての穀物が絶えてしまい、それがために人々は食べ物を求めて騒乱が起きます。

たとえ、余分の食糧が隠されてあっても、親族や親戚あるいは友人などが互いに相争って食べ尽くしてしまい、そのため五穀や食べ物の値段はわずか一口のものでも金銀が山のように積まれるほど高くなり、そうして食糧も尽き、いかにお金がたくさんあっても買うことが難しくなります。

世界中至る所、大陸、各国、首都、町や村は水に浸かり、その大水が次第に引き去っても、時間を置くことなく、今度は火の災難が出現し、天下至る所の樹木がすべて焼き尽くされて焼失してしまい、その燃える火の影響を受けて風が起こり、舞い上がった火の粉は天を沖して天下一面を覆い尽くしてしまいます。

その大災難が訪れた時に、これまで信じてきたところの教えは、何一つ救いの手立てはなく、助けとはなりません。後悔して天道を探し求めても時すでに遅く、天道はいずこにもありません。そのように、陰（暗）が近づけば近づくほど災害や異変が次々と人々に襲いかかってきます。

これは偶然ではなく必然で天律です。しかし、すでに天変地異の災害が多発する時期に入っていますから、助けを乞う時ではないのです。

一刻でも早く天道の『得道（正法）』を授かって、神から戴いた吾が霊の『一』、幸せになる『一』を得て、太極図の陰が生み出す恐ろしい大災難から逃れるためにも、わが身の因縁を切って清浄にしておかないと大災難が訪れたとき助かりません。

その『一』は目下因果に囚われの身です。

囚われの字は、**人**が**口**《かこい》の中にいる象《かたち》を意味しています。つまり**囚**人です。

罪を犯した人は、その罪を清算するために服役し、その時期を終えれば**口**《かこい》が解かれて再び一般人として社会復帰し、自由が得られます。

つまり、**囚**は人間社会での囚《とら》われです。

しかし、輪廻転生の因果を背負う因縁の**因**は、天が定めた因果応報の法に拘束され従わされています。

したがって、因縁を解くには天の機密、天道の『得道（正法）』で解く以外、『道』はないのです。

因縁解脱することですが、その解脱の**脱**の意味には
①体につけたものを取り去る。
②抜け出す。
③離れ去る。
などがあります。
さらに**脱**の字を**月**と**兌**に分けると、互いに一つの意味を持って組み合わさっていることがよく分かります。
月の字は、私たちの体の臓器臓物に完全密着しており、身体そのものが**月**だと言えるほど、切り離すことは決してできないものです。
次に**兌**の字の意味を見れば「よろこぶ、かえる、引き換える、あつまる」とあります。

これをどのように解釈するかですが、月は肉体そのものを意味しているところから、肉体が**悦**ぶものを取り替え引き替えして**悦**んでいる象を表しているのが、**脱**ということになります。

すなわち、眼《げん》・耳《に》・鼻《び》・舌《ぜつ》（口）・身《しん》・意《い》（心）の六根《ろっこん》（六識《ろくしき》）に囚われる名利欲、物欲、食欲、快楽、情欲などの欲望を呼び込む機能を持つ身体そのものを**脱**という字が表していることになります。

故に、俗世での宗教宗派は「六根清浄、六根清浄！」を唱えて修行していますが、生憎清浄無垢の『一』を自在にする因縁解脱の妙法、すなわち天道の『得道（正法）』は持っていません。

私たちが求めて止まない「**辛**の字に一を冠《かん》すると**幸**になる」、その幸せの『一』は六根の欲望に囚われて**口**《かこい》の中の**大**の字にありますが、**口**《かこい》から取り出すのはなかなか容易ではありません。

大の字は『一』と**人**の字が結合した字ですが、その**大**が**口**《かこい》の中に囚われている限り、因果の**口**《かこい》の中で生死輪廻転生を永遠に続けて終わることがないからです。

天の法によって、因縁の枷《かせ》つまり霊の自在を防げる法輪という**口**《かこい》の中に**大**が閉じ込まれている限りは、天道の『得道（正法）』によって因縁解脱を図る以外、その枷《かせ》を解くことは叶わないのです。

しかし、世の人々は、なぜ因縁が絡まっているのか、なぜ罪を償って因縁を清浄にしなければ真の幸せが得られないのかが理解できないでいます。

それは、私たち霊の故郷、理天極楽が微塵の穢れもない世界だからですが、因果がまとわりついている限り、次から次へと障害が襲ってきて望みどおりの人生が歩めなくなっています。真っ当に言えば、この世は因果の世界ですから、生・老・病・死も喜《き》・怒《ど》・哀《あい》・楽《らく》・苦《く》も皆因果ですから、その苦しみから、その悩みから決して逃れられないのです。

永遠の幸せを願うなら「楽を極める」極楽でないと味わえないことを知るべきです。その極楽に帰らない限り、この世は陰陽つまり明暗、盛衰が順繰りに巡る世界ですから、何事も常なく無常ですから、何事も一定して続かず必ず交互するので、真の幸せは得られないのです。

つまり、天道の『得道（正法）』を得て真の幸福を得るか、それとも生死輪廻して苦しみ続けるかです。汚れのない世界のことを天道では純陽《じゅんよう》、至善《しぜん》または純然《じゅんぜん》と言い、純真無垢で汚れのない霊以外、誰もその世界には住めないのです。

理天極楽（天堂）に入るには太陽熱に等しい火炎の中を通り抜けなければなりません。悟りを開いて神霊に戻っていない霊が極楽の境界に入ろうとしても、身についた因業《いんごう》が燃え出して全身が業火《ごうか》で焼き尽くされるので、そのあまりの痛さで地獄に堕ちていくことになります。たとえ三界（霊界）の気天界に昇った高徳な霊でも因業が残っている限り、天堂には入れないのです。

ただし、気天界でさらに修道して因業をことごとく消散させた上位の高真《こうしん》であれば、出入りは自由で拘束はされませんが、気天界の中下界の霊はまだ修道が十分でなく、逍遥《しょうよう》の域に達していないので、因縁があり、たとえ極楽界へ乱入しようとしても、門前で焼き尽くされて地獄に堕ちていくことになります。

純陽の世界とは極楽浄土のことで、宇宙三界の中には存在していません。私たち人間の住む世界は陰陽の世界（象天界）で、その陰⚋と陽⚊を判別すれば、土より下を陰界と言い、土より上の宇宙空間は陽界と言われます。

しかし、純陽の世界、極楽浄土は宇宙を超えたはるか上天の天外天《てんがいてん》と言われる陽陽《ようよう》（明明）の界にありますから、霊が極楽天に昇り住むためには汚《けが》れた罪業をすべて取り除いて、囚われのない観自在菩薩《かんじざいぼさつ》（即身成仏）の本性（霊性）に戻さなければなりません。

意に反して霊に罪業という因縁が取り憑くと、もともと重量がなかった霊に重みが生じて宇宙空間よりはるか天外へ昇ることができずに土の下、陰界へと沈んでいきます。

事実、人間の霊は四生六道輪廻の繰り返しがあまりにも多いので、心身を清浄にして霊を純真無垢の元の状態に戻すことは、もう今では不可能な状態で、結局、肉体を悦ばす魂魄の貪《むさぼ》りに溺れてしまい、霊としての修道は二の次ということになっています。

しかし、四生六道輪廻する理由つまり前世での罪業に対して、この世で受ける因果応報

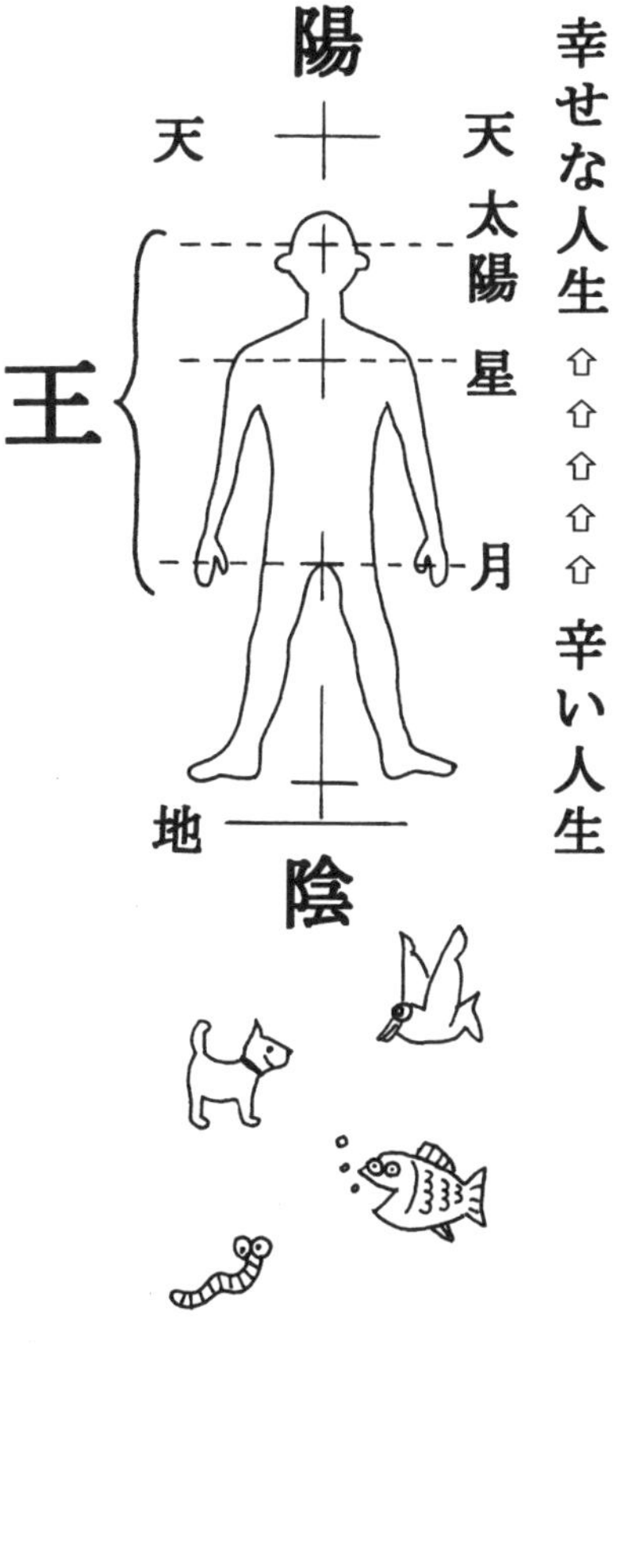

の天律から解脱できる天道の『得道（正法）』という〝法《ほう》〟がひそかに伝えられています。それは、四生六道輪廻転生の中で、唯一人間の道に転生したときに、天道の『得道（正法）』を授かれば、生涯を終えると一瞬にして因縁を解脱して輪廻転生の苦しみから逃れ、極楽天に帰天することができるので、神霊としての義務〝運命全う〟が果たせます。

霊がこの世で肉体を借りる仮体《かりたい》は人間、動物類、鳥類、魚類、虫類などの生類ですが、その中でも、唯一立って生活できるのは人間だけで、それは天に帰ることが許されているからです。他の四生四類は天に背を向けて、つまり天に背いた象で生きているので、天には帰れません。

人間道は天と地に直立することで〝天地人〟の立て並びが構成できるので、人間に生まれた今こそ、極楽浄土へ往生する天の理が適ったと言えます。

しかし、天道の『得道（正法）』を授与する時期には限りがありますから、この時をむざむざ見逃がしてしまうと、いずれ、いつ、どこで、天道の『得道（正法）』に縁を得て因縁解脱を果たし、極楽往生が叶うのか分かりません。

天道の『得道（正法）』を授かると、**因**の**口**《かこい》が一瞬に解かれて中の**大**の字が自由自在を得ます。

囚人の囚と因縁の因の字の違いは、口《かこい》の中の人と大ですが、その大の字の構成を見ますと、一と人との組み合わせです。極楽浄土に帰ることが叶う『一』の『道』を持った人が三世因縁に囚われて四生六道輪廻という法に縛られている姿が因の字から窺い知れます。

〝因縁解脱〟の真意は因縁の因の口《かこい》の中の『一』が囚われているので、それを解き放つことができれば、これまでの因縁は雲散霧消して因果のない美しい澄み切った神霊に立ち戻ることができます。

『一』は『道』であり、万物・万数の起点である『極楽天』でもあります。

故に、古聖《こせい》は『**天は一を得て清《きよ》くなり、地は一を得て安寧《あんねい》、人は一を得て聖人になる**』と言われ、

また伏羲氏《ふくぎし》は『**一《いち》を画《えが》いて開天《かいてん》（天地創造の始め）となし**』、

老子様は『**一《いち》を以《もっ》て天地《てんち》を生育《せいいく》する**』と言い、

孔子様は『**吾《わ》が道《みち》、一《いち》を以《もっ》て貫《つらぬ》く**』と言い、

孟子様は『**それ道《みち》は一《いち》のみ**』と言い、

その真理の『一』を易経では『乾《けん》（天）は一《いち》なり』とあり、
儒教では『惟精惟一《これせいこれいち》』また『中《ちゅう》を執《と》り一《いち》を貫《つらぬ》く』と説き、
また仏教では『萬法一《まんぽういち》に帰《き》す』と、
さらに道教では『元《もと》を抱《だ》いて一《いち》を守《まも》る』と、

それぞれ真理を言い表しています。

『一』なる『道』は変化不可思議で至って自然ですから、その霊能は慈悲と慈愛を以て日月星辰（時間）を流行させ、そして森羅万象を循環流行させせて四季八節をめぐらせ、万物を養っています。

この『一』の尊い御姿が無生《むせい》老中《ラウム》様であらせられます。

神とは、真理とは

天地万物を創造された老中様は全知全能で、何事も分け隔てすることなく私たち霊人を愛し慈しむ親神様であらせられます。太陽を大日如来と称して敬うように、また、大地を母なる大地と呼ぶように、すべて平等に生命を生成化育し続けています。

世に優れた力を持っている人がいますが、人によっては預言者、霊能者、大師、上人などと尊称され、生き神様、教祖様とか呼ばれて敬われていますが、その人たちは神ではなく人間です。

聖人でも、一旦《いったん》人間としてこの世に降世した限りは人間ですから、たとえ地位や身分や財があってもそれを捨てて、わが身を省みずに道を求めて艱難辛苦の厳しい難行苦行をして悟りを開いたとしても、人間は人間、決して老中様にはなれません。

唯一の神と称せられる老中様は、決して一人の優れた者だけに神としての資格や能力を与えることはしません。あくまでも平等を以て天地自然界の物事を遂行していますから、人間に対してもまた然りです。

それは、天を父とし、大地を母としたその謂れを考えてみれば、自ら知れることです。

天なる父（陽）、母（陰）なる大地とし、また太陽を陽とし、月を陰としたのも、天の法則である天地自然を自らが敬い見よ！　さすればいかなる霊能が天地を創造したのか、計り知れるという私たちへの教訓であり戒めでもあるのです。

そのような天の配剤を知らず、安易に人の言葉に乗ってしまうと、天が**為**すことを**人**つまり**イ**《にんべん》が**為**せば**偽り**となり、天は**虚心**で為しますが、**人**の口は上手で、つい信用してしまうと、**虚**に口で**嘘**をつかれる結果となります。これは〝字の当然〟と言えます。

そのように**嘘**を信じて被害を受ける人が多く、その人の御姿《おすがた》や職種あるいは言い伝えや噂や甘い言葉に乗って、その教えに浸透して酔いしれてしまうのは、自らの霊性が汚れて曇っているからで、それは決して尊いことでも敬うことでもなく、だまされるのは自分自身の情けない愚考にすぎないのです。

目では見えませんが、霊性以上に崇高で美しく奇麗なものは、この世には存在しないのです。神として存在している太陽を直視できないように、私たちの真の「たましい」である霊性もまた直視できない程まばゆいものなのです。神に近づき、その美しさを知るには、澄み切った風光明媚な山や湖や川を見れば感嘆するように、自らの「たましい」の美しさをまず悟り知ることが必要です。

神としての使命を遂行する自然は、万物の母であり無為の『道』です。

その『道』なる**中**は創造の原始であり、万物を生成化育する根源でもあります。

しかし、**中**は万物を創造し運行し続けるだけで、その姿を顕すことはありません。

常に無為で、大きな愛と大慈大悲を注いで止むことはありません。自然の中に天の理があり真諦《しんたい》（真実で偽りのない道。道理）を成しています。この恵みこそ大自然における霊妙であり摩訶不思議な大奇跡なのです。

人間の認識や能力で理解できる象天界は、「明暗（陽陰）」の自然界で、いろいろと葛藤があり煩雑ですが、天地創造の源である中の世界は、はるか上天の『明明（陽陽）』の界にあり、人間の認識能力では計り知ることができない境界で、俗世では極楽浄土と称しています。

極楽浄土はたとえ学者を総動員して、高度な学問を用いて研究しても解明することはできない高度な精神世界にあります。

つまり、天外天の『明明（陽陽）』の世界で無極と言われ、時間と空間が一体となっているのでどこに行くのも逍遥自在で、一瞬で移動でき、そこは十次元にあって別次元の世界ですが、我々の宇宙は、一体化していた時間と空間が分離して出来た三次元ですから、何処に行くにも時間を要する「明暗（陰陽）」の形象の世界です。

時間と空間が一体化している『明明（陽陽）』の世界は、人知では理解しがたい枠外で完全にシャットアウトされています。天地創造の「始まり」のその根源は中であり、森羅万象、万物という形象世界を創造した原始、源《みなもと》で、無一物《むいちぶつ》（何もない）にして無尽《むじん》蔵《ぞう》に物を生み出すことができる有に対する無の世界です。

それほど、天地宇宙を創造した神は高尚で崇高なのです。

神がこの美しき宇宙を創造した限りには、真理や道理が伴って当然です。

真理を以て森羅万象、万物を創造した以上、神は語らないのが道理です。

それをひもとくのが神の子である、我々人間の務めでもあります。

それは決して不可思議なものでも畏《おそ》れるものでもなく、偶然の出来事でもないのです。

それを非常に難しく、さらに理解し難くしているのが、人間自身なのです。

「最も素朴な形でしか捉えようのないもの」それが神であり真理なのです。

そのようなことから**神**の文字をひもといてみると、神の字は**ネ**と**申**の字に分けられます。

その**申**の字と**申**の文字を比較してみると、**申**の文字の中の二点が『二』になれば**申**の字になり、それに**ネ**を持ってくれば**神**の文字になります。

易に「円は三で以て画き〇、方は二を以て画く」とあるように、**1×1＝1の1と1と1**の三つが組み合えば〇となり、〇の一カ所を切れば一になります。二点（⁚）の間に二点を繋ぐ一点（・）を入れれば一になるということですが、それを分かりやすく言えば、二人の人の両手を互いに繋げば四角は画けても円〇は画けませんが、もう一人入れて三人が互いに手を繋げば円**〇**が画けるということです。

また、繋いだ手を一カ所だけ解いて一列になれば『一』となり、さらにその一を縮めていけば・《てん》となり、またさらに縮めていけば最終的には「無」となって見えなくなります。有と無の関係を以上のように考えていけば、終局的には有と無は同じ起点にあることになります。したがって、我々の形象世界では**いの一番**つまり『一』を以て始め、始まりとし、創造の原始、根源とするわけです。

この世のすべての物や数は、原始の『一』から生まれ、そして始まっていることから、古の聖人は根源の『一』に帰ることを目的として、『一』の『道』を伝えています。

釈迦様は『**万法《ばんぽう》は一《いち》に帰《き》す**（万教《まんきょう》帰《き》一《いつ》）』
孔子様は『**中《ちゅう》を執《と》り一《いち》に貫《つらぬ》く**』
老子様は『**元《もと》を抱《いだ》いて一《いち》を守《まも》る**』
キリスト様は『**黙禱《もくとう》して一《いち》に親《した》しむ**』
マホメット様は『**清真《せいしん》にして一《いち》に返《かえ》る**』

と言い、天の命を果たすために『一』に目標を置いたのです。

『一』は**中**の中心の「一點《いってん》・」を指しますが、古えの聖人はその天機の「一點《いってん》・」を得ることで、その目的を果たすことができると悟ったからにほかなりません。

中の中心に「一點《いってん》・」を得ると**中**となり、左に**ネ**偏《へん》を持ってくると**神**となるからです。

悟りを得た霊性（本性）は即身成仏して不滅のなかにあって、永遠の霊明を保ち続けながら一生を終えると、四生六道に堕ちることなく朽ちることなく安らかで、肉体が死ぬと同時に「霊の正門・玄関」から一瞬にして理天極楽に直上し、不老不死の身となり、永遠に生き続けることになります。

実は、これが永遠の幸せを得る真の即身成仏なのです。

その『一』を得て悟りを開いたお姿が、釈迦、孔子、老子、キリスト、マホメットの五大聖人をはじめ神仏と称せられる方々で、何千年も前にこの世に後世されて、『道』に目覚めて発心し、幾十数年の苦修、苦練の末、明師に出会って天道の『得道（正法）』を授かり、永遠の命を得たからこそ、今でも、人々の敬いを受けて敬われ続けているのです。

その真如が、実は**悟**りの文字に託されています。

つまり、**悟**の字は**忄**と**五**と**口**の三つの組み合わせから出来ています。

悟の字の**忄**は立心を表し、心が左右に揺れることなく、真っ直ぐ立っている姿を表しているところから、人心における真中、正中、不動を意味し、その姿は中を得ているので中庸《ちゅうよう》（どちらにも偏らない、中正）を意味しています。**忄**の左右にある**八**は意識の根本、陽と陰を表しています。

口は大宇宙の枠つまり東西南北の四方を表しており、その**口**は＝《イコール》**○**で宇宙の法輪を意味します。

以上から、**忄**と**口**を合わせて解釈すれば、天地四方の中心に立つ心と解すことができます。

残る**五**は、**悟**の文字の**口**すなわち宇宙の枠、その法輪の上に鎮座しているところから見て、**五**の数は易学上の八卦盤《はっけばん》では「太極の一点⊙を意味し、また九星盤《きゅうせいばん》（九星気学）では宇宙の中心である五黄土星を意味し、それは太陽の位置を示しています。

⊙を漢字にすれば**⊡**となりますが、その**⊡**に**忄**を五の位置である中心に立てれば、**中**の文字が浮かび上がってきます。つまり**⊡**＋**忄**＝**中**です。

悟の文字の由来は**中**の字にあることになります。

中様は天地創造の**神**様であり、この世における**悟り**ですから**悟**の文字の元の字は、**中**様だということがここに知れます。

聖人仙仏《せいじんせんぶつ》がかつて人間だった時、悟りの道を求めて難行苦行を重ねながら性命の神秘を解明したその結果、**中**の世界・理天極楽浄土が存在することを悟ったのです。

生命の神秘、その究極を目指して必死に追い求めた悟りの真諦、真如は、実は**中**様だったのです。

『道』を探し求めている私たちの霊性は、私たちの肉体に存在する『霊の正門・玄関（チャクラ）』を通して**中**様の大霊に繋がっているので、天道の『得道（正法）』を得て「霊の正門・玄関」を開けば、私たちの霊性と**中**様の間をふさいでいた悟りの門戸が開き、この一生を終えれば一瞬にして理天極楽浄土に往生することが叶います。

つまり、身体に秘められた人間の『一』と天の『一』との『道』が繋がるというわけで、すなわち**大**＋一＝**天**です。

『善』のいる場所

古代より、「悟りを開く」と言われてきましたが、その悟りは中庸《ちゅうよう》の心を以て開く、つまり無の境地に心を止めることを意味します。

すなわち、中庸とは、欲望を生む陰の心、魂魄《こんぱく》を抑え、逆に善に向かわせる陽の心（霊）を育成して一切の迷いを払い、純真無垢《じゅんしんむく》の霊性《れいせい》を芽生えさせる、それを常に守ることを言います。

しかし、本来誰もが持っている善なる心は、陰の心に阻まれて、なかなか思うように欲望を抑え鎮めることができません。それは、身体全体すなわち心身五体の陰（月の字が付いた五臓六腑《ごぞうろっぷ》などの臓器臓物）に対して陽の心はただ一つ、天の心を保持している霊だけだからです。

私たちの身体は陰陽といって、陰気が勝るこの世で容易に生きることができるように、

人という字の左の〝ノ〟は陰で大きく、右の〝丶〟は陽で小さく示されてい

ます。

その陰を意味する〝月〟の字が付随した臓器臓物の肉体を与えられているので、陰の心「ノ（魂魄《こんぱく》）」が身体を主導するわけですが、一方、陽の心「丶（霊）」は〝月〟の字が付いていない部分で、それらは眼・耳・鼻・口・手足など、自分の意識で自由自在に動かすことができますが、〝月〟の字が付いた臓器臓物は、思いのままに動かすことも働かすこともできません。

しかし、身体には〝月〟の字が付いた部分が多く、多勢に無勢ですから、〝月〟の字が付いていない部分は陰の心（魂魄《こんぱく》）に負けて魂魄の思いのままに働かされています。陽の心、霊性は身体の中で唯一天の命を受けているので純陽と言われ、身体全体にあって、ただ一つ善を維持しているものです。

霊性は、本来汚れのない光明を放つ玉《ぎょく》だったのですが、今の私たちはその光り輝く霊性を曇らせてしまって、善悪を見分けることも、選別することもできなくなっています。

本来、私たちが持っている霊の光明は、天地四方八方普く照らすと言われるほどの霊光を持っていましたが、その霊光を曇らせ、にぶらせたのは誰でもありません。

それは、私たち自身なのです。

その霊光が輝けば、ヨハネの黙示録に言われるところの、

『額《ひたい》に神《かみ》の印《しるし》のあるものは、末劫《まっきょう》（大災難）が臨《のぞ》んでも救《すく》われる』

との預言どおり、いかなる災難からも無事に逃れることができるのです。

その『額に神の印』は、天道では一点《いってん》、一陽《いちよう》、元神《げんしん》、元牝《げんひ》、祖竅《そきょう》、仏教では般若《はんにゃ》と言われて、神道では天岩戸《あまのいわと》と言われ、それらは人間が本来保持している「霊の正門・玄関」のことを指しています。

その奥に陽の心、霊性が鎮座していますが、誕生と同時にその玄関は神の金鎖《きんさ》によって閉じられているので、霊は暗黒の中にいて本来の霊光は輝きを失っています。その霊光を求めて古の聖人賢人は艱難辛苦の難行苦行したのです。

しかし、難行苦行によって自ら霊の出入り口、「霊の正門・玄関」を開けたわけではありません。

心身五体が呼び込む陰の心を善化して修めた、その善の心を中が認めれば、因縁解脱の法である天道の『得道（正法）』を授ける時の明師《めいし》（點伝師《てんでんし》）を遣わして秘密裏《ひみつり》に、誕生と同時に閉じられていた吾が心の「霊の正門・玄関」に、『得道（正法）』を授けて玄

関を再び開き極楽往生が叶うようにしたのです。

それを、仏教では「悟りを開く」と言われます。

人という字の陰を小さく**ノ**にして、小さかった陽を大きく**㇏**にすれば、**人**の字は**入**の字に変化して、靈は「霊の正門・玄関」から極楽浄土へ**入門**（往生）が叶うことになるからです。陰陽の性を陽陰の性に逆転させれば、陰気の勝りが弱まって陽気が台頭してくるので善の心が力を増してきます。

「悟りを開く」とは「**吾と忄**＝吾が心を開く」で、その吾が心は**霊性**を意味しているので、悟りを開かない限り霊は閉じられた真っ暗闇の中にいて、十分にその務めを果たしていないことになります。故に、その身は陰の心である魂魄に支配され続けるのです。

天道の『得道（正法）』によって、往生する入り口である「霊の正門・玄関」を開き、本来の霊光を輝かせれば、真っ暗闇でも無事安全に目的地に到着することができるように、因縁にさいなまれてきた人生は苦難や障害や身に受ける災禍を払い除けて、無事に平穏を得て、喜びの多い人生へと転換させることが叶うようになります。

天道の『得道（正法）』で「霊の正門・玄関」の奥に閉じ込められて霊能力が発揮できなかった霊性を解放すれば、再び霊能力が復活して陽気が全身に行き渡り、陰気がなりを潜めるので、悪い因果を呼び込まなくなります。宿命（生年月日時）にひそむ業（カルマ）に対抗することができる唯一の善が陽の心の霊性だけだということです。

何せ私たちはこの世に誕生してこのかた身体は陰に属し、陰に支配されて生活し続けています。そのことを最も証明しているのが、身体の各部分の名称に月偏《つきへん》または月の字が付随して呼ばれている部位です。

身体が常に月（陰）に左右されていることから昔の人は、**「潮が満ちる時、人は生まれ、潮が引けば人は死ぬ」**と言い、また歌謡に**「この光陰（月光）に誘われて（死ねば）月の都に入りたまう……」**（月の都は冥土のこと）と謡《うた》われています。

これらは取りも直さず、人は月の支配を受けて誕生し、そして死に逝くという証しではないでしょうか。

人が悪い因縁から脱して〝善〟を修めるためには、心身五体も、生活も、世の中の暮らしも、すべてがすべて、陰に染まっているという現実を理解しなければ〝善〟を修めることは不可能なのです。

陰陽世界にいる私たちを易学上で言えば、

陰　陽

☷　☰……で「地天泰《ちてんたい》」と称し、この世での安泰を意味します。

一方、天から見た陽陰の場合は、

陽　陰

☰　☷……で「天地否《てんちひ》」と称し、人間は天の陽に対して拒否している象《かたち》となります。

人間はあくまでも陰の世界、大地の住民であり、陽の世界である天界では生きることができないのです。人間は肉体を持つ限り、大地の上でしか暮らせないという意味で、大地から離れて昇れば昇るだけ人間は呼吸困難となり、暮らすことができないことを表しています。

以上のように、陽陰と陰陽の解釈には雲泥の差があり、陰陽の世界に固執し続ければ、死後再び陰界《いんかい》の地獄をめぐり、四生六道輪廻を余儀なくされる結果となります。

一方、速やかに理を悟り、天道の『得道（正法）』を授かれば、陽陰の体となり、死後陰が消えて因縁解脱し、陽界《ようかい》の霊の故郷である無極の理天極楽に帰天することが叶います。

このような理屈が理解できない人たち、信じられない人たちの大半は、宗教にはまってただ親や先祖と同様に正しい生き方をしてさえいれば極楽、天国に行けると信じて人生途上を歩んでいます。

しかし、神仏として尊ばれている聖人と称される方々が、なぜ艱難辛苦の難行苦行をしてまでも天道の『得道（正法）』を求めたのか、そこのところをよく考えなくてはなりません。それは、今は神様仏様と敬われていますが、かつては私たちと同じく人間だったからです。

たとえ聖人でも、いったん霊が人間という肉体を借りてこの世に降世した限りは、心身五体の陰の気を清浄（六根清浄）にして、人間という陰陽の体から陽陰の体に戻さぬ限り、再び神として帰天することが叶わないことを悟ったからです。つまり、それが『悟りを開く』という道の摂理《せつり》だからです。

その道の摂理である天道の教えは、孔孟聖道《こうもうせいどう》（聖人孔子《こうし》や孟子《もうし》の道）の行いに則《そく》した聖人の道です。

我々の霊性を窮《きわ》めて真の『道』を伝える「性理真伝《せいりしんでん》」が天道であるわけです。

天界でも最も上位上部の天から人心に伝える、この世に二つとない「不二法門」で、それを伝える天道は、万教《まんきょう》（世に存在する宗教宗派）の根源、最上乗《さいじょうじょう》（最高の道）を修めるものです。

それは「霊の正門・玄関」の奥に鎮座している善の霊性と真理の根本、太極の一点⦿の『天地創造の原始』である中との間を一瞬にして結びつける『道』でもあります。

これを、天道では〝至善《しぜん》（善の極に至る）〟と言い、人間道の究極を顕しています。

私たちが悟りを開くためには、天道の『得道（正法）』によって、魂魄が支配する陰陽（苦楽）の体から霊性が支配する陽陰（楽苦）の体に変化させて、さらにその心身を陽化させれば自然と純陽《じゅんよう》となり神との縁が復活してきます。

魂魄が支配する陰陽の体のままでは「鬼は内、福は外」で、神との縁は遠退いたままで、決して永遠の幸せは得られません。霊性が支配する陽陰の体に戻せば「鬼は外、福は内」の言葉どおり、陽が勝るので幸福が巡ってきます。その証しとして、天道では『正法』を授ける「得道儀式《とくどうぎしき》」で、神様をお迎えする『請壇経《しょうだんきょう》』の中で**「運転坤乾《うんてんこんけん》」**と唱えられています。これはすなわち、**「坤乾《こんけん》（陰陽《いんよう》）の運《うん》を転《てん》じて乾坤《けんこん》（陽陰《よういん》）に転《てん》じる」**という意味です。

私たちもまた聖人と同じ『善』の霊を、「霊の正門・玄関」の奥に有しており、聖人の霊性と何ら変わりがないのです。聖人と私たちとの違いはただ一つ、身心は陰陽だと知り、陽陰の心身に戻すべきだと悟るかどうかの違いだけなのです。

聖人は陰陽の身心を陽陰の心身に戻すべきだと素早く悟って「六根清浄」の行に専念し、そして千里万里を旅して因縁解脱の法を探し求めたのです。

信仰における『善』を修める行では、心身五体から生まれる陰気の元である「六根」を、まず清浄にしなければならないという厳しい戒めがありますが、実際『善』は目に見えたり、感じたりするものではないので、いくら厳しい行を続けても『善』を得ることも悟ることもできません。

『正法』が必要不可欠です。よって、お釈迦様の『正法』は「教外別伝《きょうげべつでん》」で、宗教や一般の教えの中には伝えられていません。これは天機《てんき》つまり天の秘密義《ひみつぎ》だからです。その「教外別伝」の秘密義を一般公開して伝えているのが、天道の『得道（正法）』であるわけです。

道理（みちみち）

世の人々は真理の道、悟りの「法」を授かることができる霊性を持ちながら、これまで積み続けてきた因果の重荷に遮られて、自らの霊光を輝かせることができないことから三界輪廻を余儀なくされて、もがき苦しんでいます。

これまで天道の『得道（正法）』は、仏性や徳分さらに『道』に縁がなければ、容易にはその真髄を授けることは許されませんでした。

しかし今、時運がめぐり**中**様は救霊の法、天道の『得道（正法）』すなわち「**以心《いしん》伝心《でんしん》・直指人心《じきしじんしん》・無字真経《むじしんきょう》（不立文字《ふりゅうもじ》）の三宝《さんぽう》**」を授かりたいと希望する人に難行苦行の修道を求めず、あまねく授けることを許されました。

そのようなことで良き機会を得たわけですが、せっかく『道』に縁を得ても鬼魂《きこん》の魂魄《こんぱく》に執着して本性（霊性）を蘇らせる努力が成されなければ、ただそれだけのもので終わってしまいます。

幸い縁があって『得道』を授かることができれば、その時からその身は即身成仏となりますが、しかし決して聖人と同じような修行をして道を得たわけでありませんから、以後、自ら『道』に臨んで道理を学び修めることが大切です。

天道の『得道（正法）』の「**法**」を字でひもとけば、**法**という字は**氵**《さんずい》と**土**《つち》と**厶**《わたし》の三文字から出来ています。人間は地上に生まれて生活していますが、この世の空気はH_2Oで、水を意味しますから、**氵**の世界で生きています。そして、その寿命はわずか百年そこそこで尽き、**土**の下の**厶**《わたし》となります。

法の字の意味するところは「土の下にいる私」と解釈されますが、それを「**氵**《さんずい》**と去**」に転じてみると、**法**の真意は「土の下にいる私を水の世界から去らせる**法**」とも解することができます。

以上から、**法**の字の真意を天道流儀で解釈すれば『得道』は「道を得る」で、H_2Oの水の世界から『道』を得て因縁因果の三界輪廻から逃れて極楽浄土へ**去**る**法**となります。

つまり、原因結果という人間の因果は**因**の**囗**《かこい》（法輪）の中に囚われている限りは、その因果応報につきまとわれ続けるわけで、その霊性は**囗**《かこい》（法輪）の中で六万年という時の流れを過ごして、そして、生まれ変わり死に変わりの四生六道輪廻を繰り返し続けてきましたが、不二法門の天道の『得道（正法）』により口《かこい》から抜け出し、〝一の霊性を持つ**人**〟すなわち**大**の人は天の『一』を得てここに**天**となり、『般若心経』に言われる**観自在菩薩**つまり、因果のない逍遙自在の身になることが叶うことになりますが、以後の修道が大事です。

なぜ『得道（正法）』以後の修行が大事かと申しますと、『得道（正法）』によって、これまでの因果が解脱できて**天**の身を得ることができましたが、『得道』以後の人生にはまだ因果応報は残っているので、さらに神の加護が不可欠だからです。**大**＋一で、**天**という天人一貫の堅固な繋がり、つまり守護が必要だからです。

かつての聖人賢人は、先に難行苦行して天の道を得て初めて、**母**様の天命を受けた明師《めいし》（點伝師《てんでんし》）から**母**の印《しるし》「一竅《いっきょう》」を授かったわけですが、修行もなく天道の『得道（正法）』を授かった私たちは、かつての聖人賢人とは全く条件が異なっています。

それでも『道』に縁を得ることができたのは、時運が巡ってきたこと、六万年もの長い間、四生六道輪廻して霊性を磨き続けてきたこと、その結果、再び天道の『得道（正法）』を授かることができる人間に転生できた果報によります。

『得道』を授かった機会に自ら努力して『道』に志せば、自然と天意《てんい》（神の心・自然の道理）を悟ることができる霊性を育て上げることができます。

それは、悟りを得て神仏となられた聖人賢人の霊性と、私たちの霊性とは、もともと少しもその資質に違いがないからです。その道理を説明すれば、『得道（正法）』によって悟りの戸《とびら》、つまり「霊の正門・玄関」が開かれますと、自然と妙智《みょうち》（神の智慧）が湧き出してきますから、その「霊の正門・玄関」に気を集中すれば、悟りを開いた聖人賢人と同様に甘露を味わうことができるようになるからです。

これを天道では「守玄《しゅげん》」と言います。

俗世一般では〝無の境地〟に至る修法を瞑想と言いますが、瞑想によって雑念を拭い去り、無我の境地に至ることが悟りに近づく道だと教えられていますが、何もない、何も感じない、何も思わないといった状態が真理だとすれば、無は無以外の何物でもないということになってしまいます。

天道で言う〝無〟は天地創造の源《みなもと》無極《むきょく》のことで、その〝無〟は無一物無尽蔵《むいちぶつむじんぞう》で、無量寿、無量光の光明にして無限大に、無尽蔵にパワーを生み出し、その働きは『道』を通して大宇宙を統括し、森羅万象を運行し、万物を生成化育していますから、当然、そこには神の霊能が存在しています。

その神の霊能と一体になることを〝無の境地に至る〟と言います。

だとすれば、宗教宗派で言われる、何もない、何も感じない、何も思わないでは、あまりにもお粗末すぎます。

瞑想の**瞑**は**六**の字を含んでいるので、六道辻、六道輪廻などの死後の途《みち》を意味しますから、眼、耳、鼻、身体などは縦目ですが、**瞑**の文字の目は横目といって字の偏《へん》に付いています。

そこが無視されて瞑想による真理が先行してしまい、その真理こそが正しい道だと誤って伝えられて今日の教えが成り立ってしまったその結果、四生六道輪廻を余儀なくしています。

釈迦は、人間世界は「苦の世界」と言われましたが、その反対の楽の世界、極楽は楽を極めると書きます。何処まで行けば極まるのかといえば、始めも終りもない永遠にということになります。

極まりがないとは、永遠の命、不老長寿、不老不死、超生了死《ちょうせいりょうし》などを意味し、その無の境界を無極理天と称し、天堂、楽園、極楽浄土、涅槃などが言われます。

天道の「守玄」は、「**真**」の字が示す目の上の十字に気を集中して神と語らいます。

そこはすなわち、神からの「妙智慧《みょうちえ》」をいただく玄関と言われるところですが、霊能が神の域に達していない場合は神と語らうことは容易ではありません。

しかし、『得道（正法）』を授かった人は、すでに法を以て「霊の正門・玄関」を開いて悟りを得ていますから、甘露《かんろ》がいただけるので当然可能ですが、聖賢仙仏と違って『得道（正法）』を授かっても修行が未熟ですから、後修《こうしゅう》といって徳を積むことと『道』を学ぶことが求められます。

『得道（正法）』以後神が近づける身になれるように、また神自らが近づいてくださるように自らを修めることが大事です。

これがつまり**大**＋一で**天**に繋がる唯一の方法です。

ここで注意すべきことは、天道の『得道（正法）』を授かった後は決して人や鬼神を対象にして信仰してはいけません。

人はあくまでも人であり、また亡くなった人の霊は鬼神と呼ばれ、鬼邪亡霊の類いですから、霊能者を神として敬い頼ると、自らの徳が削られて奈落（地獄）に堕ちていくことになります。〓《ラウム》様とあなた、祖師恩師とあなたでなければ最高の法『得道（正法）』を授かった意味がありません。信仰上の修身は衆の中でもできますが、道を極めることは、あくまでも神と一体でなければ成就できないからです。

真は**目**の上に**十**、また**道**の字は**辶**の上に首の目が乗っかっているように顔の上部に「霊の正門・玄関」が暗示されています。

その**十**の**真**も**道**の**首**も一個の人間に存在するものですから、その**真**、その**道**に天の**理**《みち》が繋がって真理、道理と言われるのですから、当然、一個の人間に神が繋がるという意味合いが秘められていることになります。

まずは自らが悟りを得て、**道**と**理**を理解して自ら自身の面目を神に問うべきです。

故に、道理を「みちみち」と読んだわけです。

往生の道と遍路

道の字が**辶**に**首**が乗っかっていることから考えれば、人身があって初めて存在するのが人道ということになり、人と天との結びつきが堅固であることが象徴されます。ところが、人はいつの間にか天と人の「すじみち」を間違えて誤った**遍**《へん》の**路**《ろ》に迷い込んで、天とは逆の方向へと進んでいます。その結果、遍路信仰が盛んにもてはやされています。

それもバスツアーまで組まれて遍路している状況ですが、その遍路の**遍**の意味は「あまねく広がってゆきわたる」で、それは「もれなく行き渡る。ことごとく。すみずみまで」を意味しています。

遍路となると、「霊場などを巡ること、または人。巡礼」とあります。

つまり、死者の霊を供養して巡ることですが、その**遍**の字の**辶**に乗っかっている**扁**《へん》という字の意味は、漢字を二分した左部分を構成するとあります。また**亻**を付けると「かたよる」**偏**となります。霊場は墓場でもあり、その**墓**の字は**莫**《なし》と**土**の二字で構成されています。**莫**は「ない、なかれ」の意で、その下に**土**の字があることから解釈すれば「死者は土の上にはいない」ということになります。つまり、死者の霊は土の下の何処に逝っているのか分からないので、供養して巡ると考えていいわけです。

このように考えると、「草葉《くさば》の陰《かげ》（墓の下、あの世）」という言葉の意味がよく理解できます。亡くなった方々は極楽浄土には昇っていないということで、家族や縁者は札番を求めて札所の**路**を辿り、先祖や亡くなった人をしのび供養しながら巡っています。

このように見ますと、**遍路**という言葉が、輪廻転生は横道にそれていることをハッキリと証明していることが分かります。

この世における最も確かな先祖供養は、この世に生を得た家族や子孫が一日も早く遍路を脱して、正しい道、極楽往生への『道』である天道に先鞭《せんべん》をつけることが何よりの先祖供養となります。

そのために、私たちの先祖、そして転生して生まれてきた今の私たちは数え切れないほど輪廻を幾度も幾度も繰り返しながら極楽往生への『道』を追い求め続けてきました。

その苦労が報われて天道の『得道（正法）』を授かることができる人はその遍路から脱して、天の道を辿り極楽浄土へ向かって歩み始めることになります。

遍路の**遍**を選べば陰の途、地獄途の輪廻へ、道理の『道』を選べば陽の道、因縁を解脱して極楽浄土に帰ることが叶います。

遍路の**路**を選ぶか、天道の**道**を選ぶかで、今後の人生上での幸不幸が違ってきます。

もちろん、『道』の**首**は一個の人身にあって存在するもので、天道の『得道（正法）』は自己の霊が授かるものですから、一霊が授かったからといってその身内が、その家族が皆救われるわけではありません。

経典に『一子成道《いっしじょうどう》すれば上七代《かみななだい》の先祖《せんぞ》、下九代《しもきゅうだい》の子孫《しそん》が極楽浄土《ごくらくじょうど》することが叶《かな》う恩《おん》恵《けい》が得《え》られる』とあります。

この一子成道という意味は、つまり天道の『得道（正法）』を得て成道《じょうどう》すれば、上七代の先祖、下九代の子孫のすべてが極楽浄土できるという意味ですが、この場合の成道とは、『得道』以後もさらに修道に努めて功徳を円満にすることで、上七代の先祖、下九代の子孫を極楽浄土へ救い上げることを意味しています。

つまり、『得道』で因縁の帳《とばり》、**因**の**口**《かこい》を取り払って、その中から**大**を取り出し、そして天の『一《はじめ》』に繋げば成道が叶うので**大**＋一＝**天**となりますが、ただそれだけでは成道には至っていないということになります。

このように、**道**と**路**の字の意味が異なることから考えても、世間で言われている「天国極楽」はあまりにも楽観的で、寺を巡拝して回る**遍路**は死後の大事が語られていないことが分かります。

なぜ人間の生死輪廻に**道**と**路**が大きく関わっているのかと言えば、道の字に**天**、**正**、**大**、**中**、**聖**、**王**の字を冠すれば、**天道**、**正道**、**大道**、**中道**、**聖道**、**王道**となり、人間がふみ行うべき教えや物事の「すじみち」が示されます。

また、**道**の字の下に**理**を付ければ**道理**となり、〝物事の正しいすじみちやことわり〟を意味し、また、天道の根本原理とされる宇宙本体が言われます。

一方、**路**は人や車などが通る道路の路、また、旅する（旅路）、ゆく、ゆき、などの意味で、山路《やまじ》や路傍《ろぼう》の墓《はか》などに**路**の字が使われています。人が死ねば〝**冥土の旅**〟が始まるわけですが、その旅の始めとなる山を〝**死出**《しで》**の山**《やま》〟と言って、死に逝く苦しみを険《けわ》しく厳《きび》しい山越えにたとえられています。

その**山路**は死に逝く苦しみを表して、八百里（約三千二百キロ）という途方もなく長いもの（時間）とされますが、**人が死ぬ時、魂魄は死期を察し死ぬ直前に肉体から抜け出て消え去りますが**、最後まで残って命を維持していた霊が、肉体から離脱する時に、一時精神がもうろうとした状態にあるときを〝死出の山〟とも言います。

そうして、死後三途の川を渡り、生前成した功罪によって気天界、象天界、地獄界の三界のいずれかに転生することになりますが、霊が罪過で汚れて不浄であれば、〝**死出の山**〟の苦しみが終わり、寿命が尽きると一瞬にして頭部にある「心頭山《しんとうざん》」から「無底洞《むていどう》」の陰《いん》府《ぷ》（地獄界）へ堕ちて逝き、むごい刑罰を受けるか、あるいは象天界の四生に転生させられます。

罪過の軽い者また功徳の厚い者も地獄に籍があるので、一旦陰府《いんぷ》（地獄）へ入りますが、そこで冥王《めいおう》に生前の功罪が審判されます。因果応報の基本原理に従い、罪が軽くても修練が必要な場合は「聚善所《じゅうぜんじょ》」に引き入れられて再教育を受けます。功徳の厚い者は縁のある仙仏が迎えに来られて気天界にいき、神としてさらに修練させます。

一方、天道の『得道（正法）』を授かって因縁解脱が約束された者は皆功徳が足りているとされ、天寿が尽きると「霊の正門・玄関」前に一条のまばゆい光が現れ出て、その光が理天極楽に通じる大道となり、金童玉女《きんどうぎょくじょ》に迎えられて昇天します。

古の聖人が「**心は天堂（極楽）をつくれるが、地獄もつくる**」と言ったのは、極楽も地獄もそのすべては善悪一念の差で決まり、判別されるということです。

この『道』の理は真理から誕生したもので、この世の森羅万象、万物のすべてに備わっています。真理があって初めて宇宙空間に秩序が計られるわけですから、私たちも宇宙の一員である以上、その理に従うように創造されていて当然なわけです。

また、『道』の理は人間界においては天の法則を意味し、宇宙空間の秩序を維持しています。春夏秋冬の季節に応じて衣を替え、季節に応じた食物を食べ、一日二十四時間そして一月《ひとつき》、二月《ふたつき》、一年、二年と歳月を重ねていきます。時とともに進んでいくように宇宙三界は創造されているので、決して過去へ戻ることはできません。

生きていくためには、努力や苦労を費やして生活の糧を確保していかなくてはなりません。

この世は楽しみより苦労が多く、人間関係のトラブル、葛藤、悩み、病気、老いなど数えればきりがなく、そして最後は死を迎えて終わります。

人でいる限り、苦労の種も悩みの種も尽きませんが、とにかく進む以外「途」はないのです。そのような世界で人々は支え合って生きています。それは「永遠の幸せ」が必ずあると信じているからにほかなりません。

天の理に従うように生かされている限り、その天理を追究していけば必ず宇宙を創造した真理へと繫がっていくことができます。それができなければ、すべては空であり嘘ということになってしまいます。

真理の道と人間の性命の始めとされる『一』が、身体に具わっている限り、天とは切っても切れない関係にあり、それを証明することが、我が身を救うことになります。その『一』とされるところが極楽天につながる往生の玄関口で、天道では「霊の正門・玄関」と称しています。

赤ちゃんは生まれる時まで母親の胎内で栄養をもらい、母親の霊気の助けを借りて生命を育み、だんだん大きくなっていきますから、母親の精神状態が非常に大切です。誕生する時が来て母親の陰部からこの世に生まれ出た時に赤ちゃんが泣かないと死産となりますが、それは霊性が胎内に入っていないので自力で呼吸できないからです。

赤ちゃんがこの世に性命を得るためには、神より「霊の正門」である『一』の門から霊性が入れられて、そして自らの霊能で呼吸した瞬間に発する「オギャー」という産声は、自力で初めて外気を吸った一声で、性命が宿った知らせです。この一声で、一個の人間となるわけですが、すぐに「霊の正門・玄関」は固く閉ざされてしまっているので、死ぬと同じ入り口から出られずに身体の六門から出ることになるので、往生は叶わないのです。

霊が身体に入るのも天の妙なれば、再びその霊が身体から出て極楽往生するためには、天の妙である天道の『得道（正法）』で一旦閉ざされた「霊の正門・玄関」を開かなくてはなりません。

人間が行える限りの難行苦行を幾十年続けても、悟りの戸である「霊の正門・玄関」は自ら開くことは不可能なのです。「霊の正門・玄関」を開けることができない限り、その死霊は六門から出て**遍路**することになります。

神の子、霊が天から下ってきた以上、天に帰るのが道理です。

その『道』の理をいち早く覚った聖人賢人は、自らの魂魄を鎮めて、本性である霊性を目覚めさせる修道に努めたからこそ、天道の『得道（正法）』に縁を得て極楽往生を果たし、神・仙・仏・聖の位を賜ったのです。

人間として吾を知る

私たちはなぜ、この世に生まれたのか。

なぜ苦しみや悩みがあるのか。

どうすれば常に精神が安定するのか。

それを知ることは心の治療となり、またそれが〝安心立命《あんしんりつめい》〟にも繋がります。

しかし、その心境に至るには欲望によって生じる葛藤や不平不満を収めなければなりません。

原因があるから結果が生じる因果応報の律を悟ることなく安心立命を得ようと人々は葛

藤しますが、結局欲を捨てきれずに、幸せと喜びを求めて死にもの狂いで困難を克服しようと躍起になっています。しかし、その苦しみを乗り越えて栄光を手にする人はごくわずかで、ほとんどの人は得ることが叶わないのが現状です。

それはなぜか、欲の心にドップリと浸っているからです。生まれた時は何も持っていないのに物心がつくと玩具を欲しがり、年頃になると異性に興味を持ち色に溺れ精神を焦がします。壮年になれば地位や身分に執着し優越を求め、家族の安泰や子供の将来を考えて出世、成功、お金や財物に執着し、老いて名誉心や健康に気を配り、死を恐れながらも老体にむち打って、願いを叶えるために生き続けようとします。

この世は常住不滅のものはなく、無常に変化しながら原因となるものを生み出しては結果を作り出し、その結果、また因果の原因を生み出しては変化していく因果応報の世界なのです。そこに人々は安定、安心を求めて財物に執着し、快楽に溺れ続ける人生に浸りきっています。

しかし、この世は諸行無常で真実絶対の安住の場所ではないのです。形あるものは必ず滅し、生あるものは必ず死ぬのです。万物は一度寿命が尽きると皆空となり、この世を去らなければなりません。生きているということは、今霊性が身体に入っているということです。死ぬことはその身体から霊性が抜け出たことを意味します。

いかに富み栄えていても、いかに大事業を営んでいても、また人々の頂点に立っていても、霊性が身体に入っていればの話で、入っていなければ死に体で、それまでの名誉や誉れは紙切れ一枚にも値しません。

果たしてそれで、無形不滅の自己の霊性（本性）の正体を究めることができるでしょうか。一時も元の状態をとどめないこの世において、何を求めるために吾が霊性は降ろされたのか、その使命を忘れて己の欲望を満たすことのみに情を傾けている限り、心の真諦を悟ることは適いません。

死を迎えたら、一生かけて求めた金銀財宝や名誉は無常にもすべて消え去って、残ったものは死霊、亡霊、幽霊と呼ばれる吾が霊だけとなり、いったい死後は何処に逝くのでしょうか。

元来、人間は本**性**（霊性）・**心**（魂魄）・身**体**（肉体）の三つで成り立っていますが、その人生は物に執着する魂魄が主導権を持ち、本性（霊性）は生命を維持するために霊能を働かせて人間としての尊厳を維持しています。

本性の**性**の字を左から解すると「立心を生ず」で、通常の心、魂魄の心なら身に受ける栄達、出世が立身となりますが、**性**に言われる「立心」は心の真相《しんそう》本性（霊性）を悟り、成仏が叶う心を言います。

その本性の霊の字には**巫**《みこ》の字が収まっており、その働きは「神霊を降ろす、神と通信する」役割があります。霊の旧字の**靈**の字の霝は**零**《ぜろ》（0《ゼロ》）の別字で意味するところは同じですから、靈としての出生地は霝《ぜろ》（**零**《ぜろ》（0《ゼロ》））地點《ちてん》で、無極理天の極楽浄土であることが知れます。

すなわち、**靈**としての面目は天道によって降ろされた**老中**の子、神子《みこ》である証しです。その霊性は真性真我《しんせいしんが》と言われ神とされる自己を象徴しています。

一方の魂魄は、陰心《いんしん》で邪悪な性質を有し、母親の陰部（地獄）から産まれた身体を満足させるために働く役目を担い、喜びや怒り、悲しみや楽しみなどの官能を思うままに働かせて欲望にふけり、煩悩にさいなまれる因果を生み続けています。

人間の魂《こん》は肝《かん》の部に蔵《ぞう》し、魄《はく》は肺の部に蔵し、呼吸の陰陽二気に支えられて存在していますが、呼吸ができなくなり気が途絶えれば、魂魄は滅んでしまい、本性の霊は輪廻へ旅立って逝きます。

本性（霊性）は純陽で神の質を持ち、少しも汚れがなく、経典に「不増《ふぞう》、不滅《ふめつ》、不垢《ふこう》、不浄《ふじょう》」とあります。つまり、霊は増えることなく、滅することもなく、汚《よご》れや汚《けが》れがなく、浄《きよ》くなることもなく、また水に溺れず、火に焼かれず、たとえ肉体は滅んでも、本性（霊性）は滅びません。

故に、一つの霊が何百回、何千回と肉体を換えて四生六道輪廻しているのは、不滅の本性（霊性）が関わっているからです。霊と魂魄は一体性のもので、人間の身体と命を維持するには両方とも欠かせないのです。

この霊と魂魄の実体を知るか知らないかで、人間の尊厳が守れるか守れないか、理天極楽に昇れるか昇れないか、地獄に堕ちて苦汁をなめるかなめないか、といった雲泥の差が生じます。

それは天も神、地も神、人も神なれば自然と苦もなく悩みもなく暮らすことができるのですが、しかし今の人間は神であることを悟らず、鬼魂《きこん》（鬼のたましい）で生きているので、神の加護がなく無常のなかにあって苦悩苦痛が絶えません。

「鬼は外、福は内」が人間本来の姿ですが、欲心を募らせる魂魄をのさばらせて肉体本位の生活に溺れていると欲心が本性（善）を阻害して「鬼は内、福は外」で人生を送ることになるからです。

「鬼は外、福は内」にするには、天道の『得道（正法）』で以て本性（霊性）の如来性（仏性）を回復させて鬼を退治することが必要で、この鬼退治こそが修行の大事となります。

以上のことが理解できれば、人生になぜ幸不幸があるのか、喜びや悲しみがあるのか、その本質を知って精神修養に努めるその大事さが理解できます。

神はそのように、人々が幸せや喜びを求めるように悩みや苦しみを与えたのです。

なぜ、神は我々に悩みや苦しみを与えたのでしょうか……。

神を知ることは、その原因の起源を知ることになります。

神がどのようにしてこの大宇宙を創造し、今日まで理路整然と育て上げてきたのか、その天理を知ることで疑問が解けるはずです。

この大宇宙の真理を知れば、人生観なんて微々たる物事のざわめきだと一掃できるかもしれません。「人は天から生まれ、地によって養われ、天と地の間に立っている」という重大な意義を知ることが、人間として天を知り真理を知る重要課題だからです。

人間自ら生きているのではなく、天地人一貫して神に生かされていることを知ることが「悟りを開く」その真髄となるのです。

つまり、「悟りを開く」と、父母未生以前《ふぼみしょういぜん》の心、往古《おうこ》から未来永劫《みらいえいごう》へと通ずる心、天と地に繋がる心が開けるからです。

明師《めいし》（點伝師《てんでんし》）の『一竅《いっきょう》』つまり天道の『得道（正法）』を授かって「霊の正門・玄関」を開けば、天地陰陽を貫通して上天に達する大きな心を育むことが適います。悟りを開くと霊性が目覚めますから、人生観に固執していることがむなしく感じられ、むしろ宇宙観が幅を占めてきます。

天には天理があり、神の御意思によって宇宙運行がなされているその源であることが知れます。そして、地には地理があり、天の御意思に従っていることが知れます。

さらに、天理と地理の間にその影響を受けて、性理が人間にあることが知れます。つまり、天も神なれば、地も神、また人も神、これが〝天地人〟の謂れです。

我々の文明に栄枯盛衰があるのは、森羅万象、万物が天の理と地の理の影響を受けているからですが、それらは無常で、陰陽の運が交互にめぐる一定の順序、法則に従って動いています。

自然界における陰陽五行（木・火・土・金・水）の気の循環の法則は、ただ単に自然界の大気のみに通用するものでなく、人間にも万遍なく適用されており、最も身近なものでは、生老病死・憂悲苦悩・喜怒哀楽・吉凶禍福のすべてがその支配を受けています。

ですから、すべての物事は自然に従って、偶然ではなく必然で起きています。神経を労し、消耗してストレスになったり、またそれが高じて神経性の病気になったり、あるいは事故に遭ったり起こしたり、殺人などを犯したりするのも、自然界の大気、陰陽《いんよう》五行《ごぎょう》の木・火・土・金・水の気が人の気性（体内の陰陽五行の気）に及んで起きることが実に多いのです。

人生における幸不幸、貧富、安楽、波乱と数えれば切りがなく、生命の始めから終わりまでの一部始終に影響を及ぼしています。

それは、天地自然の法則つまり陰陽の循環に従って人の命運が動かされているからにほかなりません。

大宇宙の星々も理路整然と運行を続け、地上では春夏秋冬が巡り、山川草木も季節の移り変わりに従って、それぞれ姿を映し、そして実り、枯れ、最後には死して地に帰って行きます。

それらのものには苦もなければ楽もない一生かもしれませんが、同じ気を受けながら人間はその中にあって無事安楽を追い求めるのは、定められた天の命（運命全う）があるからです。

それは、この世三界が追い求める安住の地ではなく、修道の場であることを悟り、生まれ故郷の無極理天の極楽に帰り着くまで、この世三界の苦しい逆旅《げきりょ》の旅路は限りなく続くのです。

自然界を見ると、天理に従って生きさえすれば苦もなく悩みもなく暮らすことができると思うのですが、悲しいことに人間は吉凶が背中合わせで交互していますから、いつも無事安楽を求めています。

天は、我々に慈悲を与えながらも悲哀を味合わせているのは、安楽の世界（極楽浄土）から苦楽の世界（人間世界）に降ろされたその謂れを、人間一人一人が自ら悟るようにする戒めでもあるのです。

万物の元を辿れば必ず誕生があり、そして最後には死を迎えて地に帰っていきます。

また人間も然りで、死して地に帰って逝く定めだと人々は当然の如く受け入れていますが、信仰心のある人は何かしっくりいかないところがあるはずです。

人間の身体は確かに母親の陰部からの誕生（下から）ですから、植物と同じく死ねば土に帰っていくのは当然のことですが、人間の本性（霊性）は無極の極楽浄土の神、**老中**が人間の身体の「霊の正門・玄関（上）」から入れて生命を誕生させていますから、霊性と植物の生命とはそこが異なっています。

人間の霊性は本来地に帰るのではなく、霊の生まれ故郷である無極の理天極楽の浄土に戻らなければならないのに、罪を作って余儀なく四生六道輪廻への逆旅《げきりょ》、つまり生まれ変わっては理天極楽から遠く離れた苦しい旅路を続けています。

天に帰るべき吾が心、その霊性は本来神子《みこ》と称せられて帰るべき故郷は無極理天の極楽の彼岸であるのに、何を好んでか、冥福を祈ると言われる冥土（地獄）へ旅立っています。

それは、霊性の存在を忘れて物に取り憑く鬼魂《きこん》を唯一の「こころ」と思い込んで人生を送りそして死に逝き、四生六道輪廻を余儀なくしているからこそ、常に悶え苦しむことになることを知らず、愚かにも自己満足を求めて危険を冒したり、罪を重ねたりして安楽を求めています。

苦の字を見ると、艹《クサカンムリ》と**古**の字でなっていますが、形象は神の意とされる**古**の字の上に艹《クサカンムリ》を乗せて**苦**の字になっています。

艹《クサカンムリ》の字の成り立ちは陽⚊《けん》と陰⚋《こん》の記号の組み合わせで、陰陽が正常に組めば**十**となり、信仰上では十字架、卍などが意味されますが、艹《クサカンムリ》の場合は陽⚊《けん》を侵して陰の⚋《こん》が勝っている象になります。それは陽⚊《けん》の本性（霊）を陰⚋《こん》の魂魄ががんじがらめにして身動きできない状態が示唆されていることになります。

古の字も因縁の口《かこい》（宇宙三界・法輪）の上に十があるとみて、十は天上界つまり神仏のまします無極理天の極楽を意味していると取れば、古の字の意味する「神の意」が理解できます。

（口2）【古】㊎㊇ コ 㝡gǔ ｜ふる-い　いにしえ

解字 象形。 神を表すかぶり物の形で、神の意、転じて「いにしえ」の意を表す。一説に、十と口の会意で十代も語り継いだ昔の意ともいう。

意味 ①いにしえ（いにしへ）。≒故。↕今。(ア)むかし（昔）。すぎ去った世。「古代」(イ)むかしの事物。「考古」②ふる-い（-し）。↕新。(ア)久しい年月がたっている。(イ)ふるびている。昔ふうの。飾りけのない。「簡古可ㇾ愛」〔陸游・詩〕③むかしの人。先祖。「先古」④昔の法。昔の道徳や教え。「信而好ㇾ古」〔論語・述而〕⑤天。

（艹5）【苦】㊎㊇（艹5）【苦】呉ク 漢コ 㝡kǔ ｜くるし-い　にが-い

解字 形声。 艸（くさ）と音符古《コ》（強く刺激する意→固《コ》）とで、にがみのある草、ひいて「にがい」、転じて「くるしい」意を表す。

意味 ①『植』のげし。キク科の越年草。山野に自生し、若い茎葉は食用になる。別名、茶《ト》・苦苣《キクキョ》。「苦茶」②にが-い（-し）。にがみ。にがさ。(ア)五味の一つ。にがい味。↕甘・甜《テン》。「良薬苦ニ於口ニ」〔説苑・正諫〕(イ)にがにがしく思う。おもしろくない。③くるし-い（くる-し）。くるし-む。くるしみ。↕楽。(ア)なやむ（患）。くるしく思う。つらい。

人間は人間の尊厳を忘れて〝草〟として生きている限り、堪え忍んで生きる苦の運にあることになります。人間は死ねば「草葉の陰」と言われて、四生六道輪廻を繰り返している限り、この地上でいくら人生を謳歌《おうか》しても、陰の字には〝今、云う〟の二文字が時を物語っているように、なぜだか満たされない憂いがいつも心の片隅にあるのは、満足できないのではなく、ただ今食べて飲んで、好きなことをして、観光や旅行など、心が癒やされればそれでよいという、一時的な欲求を人間は幸せと感じているからです。

癒という字は疒《やまいだれ》が冠しており、病気や障害を表すとありますから、癒やし自体が病気なのです。癒やしを求めること自体、自己の霊性が本来還《かえ》るべきところを見失っている人間の姿でもあるのです。

陰陽はつまり苦楽を意味し、苦が楽の上に乗っかっている象から見ても、この世では心は満たされることがなく楽を求めては苦しむのです。

それが霊性（陽）と魂魄（陰）との葛藤であり、人生なのです。

この鬼の魂魄《たましい》（陰）の思うままに許しておけば、善心の霊性（陽）はむしゃぶり尽くされ、楽を求めては輪廻して苦しむことになります。善心の霊（陽）を復活させて鬼を退治することが大切で、それが悟りに至る修行であり、また霊性が因果という悪業から脱して極楽へ往生する『道』でもあるのです。

しかし、理天極楽には、善心の霊（陽）を復活させる修行や坐禅などを行っても帰れません。他力という天道の『得道（正法）』が必要で、この法を以て吾が心の「霊の正門・玄関（天岩戸）」を開かない限り、本来の仏性、如来性は出現させられないのです。

天道の『得道（正法）』を授かれば各経典や仏典、聖典に書かれている意義が解けてきます。人間として吾を知り得れば、吾が心（忄）である霊性が理天極楽の彼岸に帰ることが、使命だと再認識することになります。故に、老中は天道の『得道（正法）』を降ろし、陰の道、因縁を解脱せよと諭されています。

天道の『得道（正法）』を授かれば、苦しい悲しい人間の宿命である生老病死の四大苦から逃れられ、さらに四生つまり多種多様な類（胎・卵・湿・化）の身体を借りては生まれたり死んだりと果てしなく生死を繰り返す因縁から解脱することができるのです。

因縁解脱を果たせば、自然とこの世に負うものが償うものがなくなり、そして天寿が来れば、その身にまとわりついている因果の一切が消滅し、自身の霊が帰るべきところ『一』の理天極楽の彼岸に神の来迎を受けて還《かえ》ることが叶います。

第三章　天道の歴史とご聖訓

天道・道統記

道統とは、中《ラウム》様が世に降された悟りを開く天命の『三宝《さんぽう》』を天の道として継承し、伝えていく、その道の過程つまり系統を言います。

三皇《さんこう》・五帝《ごてい》の時代を上古《じょうこ》と称し、人として初めて時の人王・伏羲皇《ふくぎこう》に天命の『三宝』が授けられました。伏羲皇は苦心して八卦《はっけ》を完成し、万古不易《ばんこふえき》の宇宙易理《うちゅうえきり》を明らかにした功績により天命を拝受《はいじゅ》され、そして、その伏羲皇から神徳《しんとく》を備えた神農《しんのう》・黄帝《こうてい》の二皇に伝えられました。

以上の三皇に続いて、小昊《しょうこう》・顓頊《せんぎょく》・帝嚳《ていこく》・堯《ぎょう》・舜《しゅん》の五帝君が天命の『三宝《さんぽう》』を受け継いで天子となられました。五帝君は天の意思を継承して民の模範となり、民を導いて国を平和に繁栄させたと伝えられています。

堯帝は道統を伝授するにあたって、舜に「允執厥中」つまり〝允《まこと》その中《ちゅう》を執《と》れ〟と言って天命の『三宝《さんぽう》』を授け、命《めい》と位《くらい》を共に舜に授けました。その後、舜が禹《う》に位を譲り伝える時には、さらに上三句を付け加えて、天命の『三宝《さんぽう》』を『心法』として授けました。

その折りの道統伝授の様子が、書経《しょきょう》の大禹謨《だいうぼ》に「十六字の心法《しんぽう》」として記述されています。

「**人心惟危**」……人心これあやうく

「**道心惟微**」……道心《どうしん》これわずかなり

「**惟精惟一**」……これ精《せい》これ一《いち》なり

と上三句を付け加えて、そして

「**允執厥中**」……まことその中《ちゅう》をとれ

以上の十六文字が、書経《しょきょう》の大禹謨《だいうぼ》に記述されている「十六字の心法」です。解釈しますと、「人心は肉体があるが為に物欲に迷い邪道に陥る危険があり、したがって、人が本来具《そな》えている道義の心は物欲におおわれて微《かすか》になって明らかにし難い故に、人心と道心の区別を精密に考察し、肉体の欲から生ずる人心をまじえず、道義の心の正しきをひたすらに執り守って失わないようにし、道心が常に主となり、人心はその命を聴くようにしなければならない」。

「厥中《そのなか》」とは、人間究極の中心、至善処であり、悟りの究極を言います。
「執《とる》」とは、『心法』伝授の折、點破《てんぱ》された玄妙関《げんみょうかん》の霊《れい》の正門《しょうもん》・玄関《げんかん》を固く守り保って中庸《ちゅうよう》を失わないようにしなさい、ということです。

尭舜《ぎょうしゅん》の帝王から禅譲《ぜんじょう》（聖徳の高い人に引き継ぐ）されてきた道統は禹帝《うてい》から、湯王《とうおう》そして文王《ぶんおう》に、文王から武王《ぶおう》、周公《しゅうこう》へと道を伝えられましたが、周公の代で君王天命継承《くんおうてんめいけいしょう》が終わり、門下や大夫《だいぶ》が天命の道を伝える時代となります。この後、天命は聖人を選び、『心法』は『道』として継承していくことになります。

最初に天命を拝受された聖人が道教の祖・老子《ろうし》様です。
中様の御尊命は道教において「天地生育《てんちせいいく》の母《はは》」と尊称崇拝されることになります。

そして、天の機密『三宝』は道教の老子様から儒教の孔子《こうし》様に引き継がれます。孔子様は『三宝』を伝授された時「朝《あした》に道《みち》を聞《き》かば夕《ゆうべ》に死《し》すとも可《か》なり」と、感激のあまりに声を出して喜びを表したそうです。

つまり、「聞《き》かば」とは「得た」ということですが、ここに、中様の天命は儒教の祖・孔子様に伝わり、その儒教において中様は「明明上帝《みんみんさんてい》」として尊称崇拝《そんしょうすうはい》されることになります。

その後、孔子様は弟子三千名の中から厳選して曾子《そうし》様を選び、天命を授けました。その折りに孔子様は曾子様に「参《さん》よ。吾《わ》が道《みち》は一《いち》、これを以《もっ》て貫《つらぬ》く」と言われたそうです。この孔子様の言葉から、一貫《いっかん》という名称が初めて経典に載り、以後『一貫道《いっかんどう》の三宝《さんぼう》』として、道統は継承されていきます。

曾子様は子思《しし》様に伝え、子思様は孟子《もうし》様に引き継がれますが、その後、孟子様は、「儒《じゅ》門《もん》はおそらく以後、孔子様の道を得ることは困難だろう」と言われ、『一貫道の三宝』を継承できる神徳を備えた聖人が現れることなく、その後、『三宝』伝授は中断して、聖者の奥義が伝えられなくなりました。

中国の地で中断した『三宝』は一旦隠れましたが、天命の『道』は中国からインドの釈迦様へと引き継がれました。

中様の天命は、時運に応じて仏教の祖、釈迦様に伝わりましたが、仏教においては極楽浄土の仏として、中様は「阿弥陀仏」として、尊称され崇拝されることになります。西域（インド）において天命を接受《せつじゅ》した釈迦様から道統の『三宝』は、『正法』として大弟子迦葉《かしょう》尊者《そんじゃ》に伝えられ、ここに西天第一代祖迦葉が誕生することになります。釈迦より迦葉尊者に『正法』を伝授した時のことを「伝燈録《でんとうろく》一一の無門関《むもんかん》」に、以下のように記されています。

「仏《ぶつ》は諸々《もろもろ》の大弟子《だいでし》に告《つ》ぐ。迦葉《かしょう》、来《き》たりし時《とき》に『正法眼蔵《しょうほうげんぞう》』を宣揚《せんよう》せしむべし。吾《われ》に正法眼蔵《しょうほうげんぞう》あり。涅槃妙心《ねはんみょうしん》・実相非相《じっそうひそう》・微妙法門《びみょうほうもん》・教外別伝《きょうげべつでん》・不立文字《ふりゅうもんじ》・以心伝《いしんでん》心《しん》、迦葉《かしょう》に付嘱《ふしょく》す」

この伝授の時の様子が有名な「拈華微笑《ねんげみしょう》」の伝えです。

釈迦がかつて霊山会上《れいざんかいじょう》にて説法の時、梵天《ぼんてん》が来てうやうやしく沙羅華《しゃらか》を献《けん》じた。
釈迦、その蓮華《れんげ》を取り華《はな》を手《て》でひねって比丘尼《びくに》に示したが、皆その意《い》を解《かい》せられず、
ただ独り迦葉のみ、これをみて微笑《びしょう》する。
それを見て！　釈迦、吾《わ》が意《い》を得《え》、

「吾《われ》に正法《しょうほう》〔玄関《げんかん》の一竅《いっきょう》〕あり、涅槃妙心《ねはんみょうしん》〔不生不死《ふしょうふし》〕の実相《じっそう》は眼蔵《げんぞう》にして、
無相《むそう》の法門《ほうもん》は微妙《びみょう》なり、正法《しょうほう》は教外《きょうげ》に別伝《べつでん》あり、文字《もじ》を以《もっ》て伝《つた》えず、
これを摩訶迦葉《まかかしょう》に伝《つた》える」

と言われ、一般に普伝《ふでん》している言語の教えのほかに『正法眼蔵』の秘密蔵を以心伝心で以て、ひそかに大弟子、迦葉《かしょう》に伝授されました。

『正法』は単伝独授《たんでんどくじゅ》ですから、一人から一人へ以心伝心《いしんでんしん》の法で以て伝えられ、決して表に漏れることはありませんでした。

迦葉尊者は阿難尊者《あなんそんじゃ》に伝え、次に商那阿《しょうなあ》 修尊者《しゅうそんじゃ》が受け、次に商那阿修《しょうなあしゅう》から二十八代まで、独授《どくじゅ》のまま受け継がれました。

以後の祖師の尊名（敬称を略します）を順に列記すれば、商那阿修《しょうなあしゅう》・優婆毱多《うばきくた》・堤多《だいだっ》迦《か》・弥遮迦《みしゃか》・婆須密《ばしゅみつ》・仏陀難堤《ぶっだなんだい》・伏駄密多《ふくだみった》・脇《きょう》・富那夜奢《ふなやしゃ》・馬鳴《めみょう》・迦毘摩羅《かびまら》・龍樹《りゅうじゅ》・迦《か》那堤婆《なだいば》・羅候羅多《らごらた》・僧迦難堤《そかなんだい》・迦那舎多《かなしゃた》・鳩摩羅多《くまらた》・闍夜多《じゃやた》・婆修盤頭《ばすばんず》・摩拏羅《まぬら》・鶴弥《かくろく》那《な》・獅子《しし》・婆舎斯多《ばしゃすた》・不如密多《ふにょみった》・般若多羅《はんにゃたら》から菩提達磨《ぼだいだるま》となります。

天命の『正法』を伝授する時はすべて不立文字《ふりゅうもんじ》で、経典は使用しません。文字に表さ

れた法はすでに心印《しんいん》から離れているので、不立文字の法を『心法』と称しています。今の仏教は衣鉢《いはつ》を以て伝承《でんしょう》していますが、これは像法《ぞうほう》つまり末法《まっぽう》の末流《まつりゅう》になって、形式的に受け継がれているものです。『正法』は以心伝心であり、明師（點伝師）の面授が必要で、経典や聖書などに『正法』の法をいくら探しても載ってはいません。

西天第二十八代祖の菩提達磨はインドでの道統は終わり、菩提達磨は中様の天命を携えて仏教とともに中国に渡りました。

六世紀前半、菩提達磨によって『道』は再び中国に戻り、そして菩提達磨は中国の地で新たに禅宗を起こし、東土初代となります。

その教えは、仏教の真髄は坐禅にあり、坐禅によって体得し悟れ、とされました。つまり、坐禅の禅の字は**ネ**と**単**の二文字の組み合わせで、**単**は『一』を意味していますから、坐禅は『一』の『道』を静かに坐して悟れという含みを持った修行を教義としていることになります。それは、坐禅によって教外別伝《きょうげべつでん》である不立文字《ふりゅうもんじ》・直指人心《じきしじんしん》・見性成仏《けんしょうじょうぶつ》の三宝が悟れるとの教えです。

中様は禅宗の祖・菩提達磨の時代に入り「ラマ」と尊称されて伝わります。

菩提達磨の禅宗になってからも『正法』は以心伝心であり、依然一脈相伝で他に漏れることはありませんでした。ただし、『正法』は秘密義ですから、表向きは世襲で、衣鉢《いはつ》を以て継いでいきますが、中様の天命・道統は祖脈《そみゃく》として伝授されて伝えられていきます。

二世は神光《しんこう》（慧可《えか》）二祖に引き継がれ、三世は僧璨《そうさん》三祖・四世は道信《どうしん》四祖・五世は弘忍《ぐにん》五祖に至ってその門下二派に分かれますが、道統は六世慧能《えのう》（六祖）に引き継がれました。慧能六祖は文字を知りませんが、智慧《ちえ》は最も聡明でした。

当時、門下二派に分かれた理由は定かではありませんが、弘忍《ぐにん》五祖が晩年道統を継ぐ器量ある弟子を選ぶ折の話が「天道論義《てんどうろんぎ》」の中に記されています。

弘忍《ぐにん》五祖が、或る日弟子門人を集め、

「世人にとって生死のこと程、重大なことはない。汝等《なんじら》の終日を見るにただ目前か来世の福しか求めず、生死の苦海から永久の離脱を求めようとしない。己の本性が迷ってしまえば如何なる福もあり得ない。正法は解明し難いものである。汝等はいたずらに私の言葉を記し、修持《しゅうじ》して任《にん》が終わったと想ってはならない。今汝等は各自の智慧を観、意のままに本性般若《ほんしょうはんにゃ》の実相《じっそう》を偈《げ》に記してみよ。

もし語意《ごい》が私の心法《しんぽう》に符合するところがあれば衣鉢《いはつ》を付そう」

と言われ、弟子たちの修行の深さを試されました。

時に門下高僧、七百余名の中の上座の神秀《しんしゅう》は学問内外に通じ、衆の敬仰《けいぎょう》の的になっていました。

この人でなければ誰も答える人はないだろうと、大衆のほめる声をひそかに聞いた神秀は、夜中に起きて壁に一偈《いちげ》を書き留めました。

「身《み》は之《こ》れ菩提樹《ぼだいじゅ》、心《こころ》は明鏡台《めいきょうだい》の如《ごと》し、時々《ときどき》に勤《つと》めて払拭《ふっしょく》し、塵埃《じんあい》をして惹《ひ》からしむることなかれ」

これを見て五祖は、きっと神秀の作であろうと思いましたが、これを賞賛《しょうさん》しても法嗣《ほうし》として付法《ふほう》をする気にはなりませんでした。

つまり、自己の身体を樹になぞらえたり、心を鏡台に比喩《ひゆ》したりして、二十六時中掃除や打坐《だざ》をすれば、心身の汚れを清められるという意味でしょうが、真如《しんにょ》の本性を見るに至らないことを指摘されたからです。

ところが、入門八カ月にしかならない田舎者の慧能《えのう》は無学者で文字も知らないが、智慧は、最も聡明ですぐれているので、これを聞いて即座にこう答えました。

「菩提《ぼだい》、本《もと》、樹《き》に非《あら》ず、心鏡《しんきょう》も亦台《またたい》に非《あら》ず。本来無一物《ほんらいむいちぶつ》、何《なん》ぞ塵埃《じんあい》を払《はら》うことあらん」

これを聞いて、弘忍《ぐにん》五祖は大いに驚き、慧能の見性《けんしょう》を知り、夜中ひそかに部屋に召し、無上微妙《むじょうびみょう》で秘密《ひみつ》の円明真実《えんめいしんじつ》の正法眼蔵《しょうほうげんぞう》と法宝《ほうとう》を授けました。

神秀様は、客観的に自分の心身を台とか樹とかの形象に結びつけて、漸修漸悟《ぜんしゅうぜんご》の階段を歩んでいましたが、慧能様はそれ以上に深く、無為《むい》を主体にして無想無念《むそうむねん》、無一物境《むいちぶつきょう》界《かい》に自己を融合《ゆうごう》させておられました。

慧能様は五世弘忍《ぐにん》の五祖から禅宗六世を継ぎ、さらに祖脈を継いで六祖になられましたが、当時の仏教界の退廃《たいはい》を嘆き『正法』を儒者《じゅしゃ》の白祖《はくそ》・馬祖《ばそ》の二方に伝えられました。その時、かような偈を白祖・馬祖に遺されました。

「釈迦《しゃか》、我《われ》より宗風《そうふう》を絶《た》つ、儒家我《じゅかわれ》を得《え》て万法《まんぽう》に通《つう》ず。日後三期《にちごさんき》に普渡《ふど》が開《ひら》かれ、誠心誠《せいしんせい》意《い》、中庸《ちゅうよう》に合《がっ》する」

と仏教での道統継承が終わったことを、明らかに証明されています。
孟子様から仏教に移った天命は、約九百五十年を経て、再び儒聖《じゅせい》に伝わることになりました。これを、「道《みち》が火宅《かたく》に伝《つた》わる」と言われています。火宅とは、煩悩と苦悩に充ちた人間社会の意味です。

つまり、今までの祖師は出家した僧であるのに比べて、白馬祖《はくばそ》以降は普通の家に住む人の中から道脈を継ぐ祖師が出現することになったのです。

慧能六祖は『道』を私せず、天命の運びの然《しか》らしめるままに付法随一《ふほうずいいち》の資格者、白馬祖両名にすべてを託《たく》されました。

七代祖としての白馬祖から道脈は儒聖に戻り、祖脈は世代が進むにつれて世の荒廃と共に困難、苦難に遭遇しながらも祖代《そだい》を重ねて、八代羅祖《らそ》・九代黄祖《こうそ》・十代呉祖《ごそ》・十一代可《か》祖《そ》・十二代袁祖《えんそ》・十三代徐《じょ》・楊祖《ようそ》、さらに天命の道統は十四代祖として山西《さんせい》の姚祖《ようそ》に継がれました。

時は、癸卯年（一八四三）に初めて中様の御命によって砂文字《すなもじ》による天人の連絡が許され、その折りに道教・儒教・仏教においての尊称を神自ら、老中と名乗られ、尊称統一を指示されました。

その後、砂文字による天人の連絡は御聖訓《ごせいくん》として降ろされ、祖代はとぎれなく十四代姚《よう》祖《そ》の後を継いで、十五代王祖《おうそ》・十六代劉祖《りゅうそ》・十七代路祖《ろそ》へと道統は祖脈を重ねていきます。

そして十七代路祖《ろそ》の時になって、庶民に『道』が降ろされたのを機に、砂文字による御神示が公にされました。

それは今からわずか百数十年余り前にすぎません。
道の天機《てんき》（天の秘密義《ひみつぎ》）、道統は東土十七代祖・路祖が一九二五年の御逝世《ごせいせい》と同時に、東土十八代祖・張光壁《ちょうこうへき》（天然弓長祖《てんねんゆみながそ》）に天命が引き継がれ、今日に至っております。

東土十八代祖・張光壁（天然弓長祖）が易の祖であり、道統一代祖であられる伏羲皇《ふくぎこう》より数えて六十四代目となり、また、易六十四卦の数と一致して人道における道統の継承はもう跡はなく、天然弓長祖を以て、終わりを告げることになります。

張光壁（天然弓長祖）は、『正法』すなわち一貫道の秘伝・三宝を天道の『得道』と名付けて万民救済のため、『得道』を普渡普伝《ふどふでん》することを告げ今日に至っています。

釈迦古佛《しゃかこぶつ》の御聖訓《ごせいくん》

釈迦古佛である。
老中《ラウム》の命を奉《たてまつ》り天壇《てんだん》に降《くだ》った。
老中《ラウム》を参叩《さんこう》し、玉筆《ぎょくひつ》を取り砂盤《さばん》に訓告《くんこく》する。

かの昔、私は名利財産を捨て、位を捨てて山中に入り、十六年の間、坐禅断食《ざぜんだんじき》をした。十六年間の難行苦行は何のためか分かろうか。皆天道を求め、苦しい四大苦、六道の輪廻、三界の苦しみを脱《のが》れたいがためである。百年の楽よりも万々年の栄耀《えいよう》、霊《たましい》の幸福があると悟ったからである。

現在は名誉利欲に心を捉われているが、一旦両目《いったんりょうもく》が閉じた後は何をもって何処へ行こうと言うのか。

私は山中へこもり、艱難辛苦とともに、身を捨てて道を求めた。私の心はやがて上天に達せられ、燃灯仏《ねんとうぶつ》より一竅《いっきょう》（靈の正門・玄関）を開かれて願いはかなった。

そうして、この尊い真法《しんぽう》をまたわが弟子に伝えた。

私は寿命が尽きて仙仏が迎えに来られ、極楽の浄土、理天《りてん》へと帰った。

私の理想どおりの不生不死の極地へ至ったのである。その後、わが弟子は私の聖業を世に留めるために経典を遺した。私は経典を読み成仏したにあらず。天道の尊い秘宝を得、而《しか》して成仏したのである。

私を信ずる門下よ。天道の尊さを知れ、私の得た秘宝、天道の三宝を知れ。経文の中にも、経典の中にも、天道は含まれて書かれてある。

経文、経典は念ずるのではなく、意味を悟るものなり。しかる後、経典の通り、道の為に進められたい。

かの時単伝《たんでん》で伝えられた真法《しんぽう》は、今は普伝《ふでん》となった。昔に比較し、簡単にして、容易に得ることができる。真法は眼前にある。有縁《うえん》の者は皆道に逢《あ》い、私同様、この尊い宝を得ることができる。縁の薄い者もだんだんと悟り知る時が来るであろう。

今の時代は三期《さんき》の末世《まっせ》に当たっている。道が普伝《ふでん》になったのも、時代が変わり、混沌《こんとん》としたが故である。戦器武器を作り、華やかなぜいたくな時が来てしまったがためなり。

眼前《がんぜん》には大災難が迫って来ている。

諸々《もろもろ》の衆生は皆この災難に清算される。悪孽《あくげつ》を作った者は、皆罪に応じ、淘汰《とうた》されてしまうのである。

上天において主神《おやがみ》は嘆き悲しみ、道の普伝《ふでん》を許した。道は公開され、皆この尊い心法《しんぽう》を得て極楽浄土へ帰ることが許される。

私が難行苦行して得た三宝《さんぽう》は実に貴重なものである。昔三宝を得る条件として、家を離れ、山へこもり断食冥想《だんじきめいそう》を幾十寒暑《いくじゅうかんしょ》すごしたが、実に苦しい修行であった。

今の良き機会に道を求めなさい。私が得た三宝を得なさい。

この天壇《てんだん》は一隻《いっせき》の慈船《じせん》であり、救いの船である。

天壇を設置したならば無数の衆生を乗せ救わねばならない。

一人を救う事は一つの功徳であり、自己の徳となる。

無人船にせず無数の人を乗せよ。この功徳は上天に帰った後に顕《あらわ》れる。いくら地位が高くても財産があっても、両目《りょうもく》閉じれば空手である。その時になり功徳によって、上天で位が定まる。上品《じょうぼん》の位は自ら選ぶので神のみが選ぶのではない。

自ら徳を積めば上品に行き、徳を積まないのでは、品《ぼん》は上げにくい。

天道の秘宝《ひほう》を得ると胎《たい》・卵《らん》・湿《しつ》・化《か》の四生に転ずるのを止め、四生六道の苦しい輪廻を断ち、四大苦（生老病死）を逃れ、三災八難、あらゆる災難を逃出《とうしゅつ》できる。

百年の寿命が尽きた後には、理天に帰り、地獄への縁を切るのである。

理天とは永遠の極楽、常に変化の無い聖人仙仏の所である。

生死《しょうじ》を超脱《ちょうだつ》した不生不死《ふしょうふし》な所であり、煩悩雑念の無い平和で愉快な所である。

私を信ずる者は天道を信ぜよ。私を信じて道に逆らうは、私を信ずるにあらず。

この一竅《いっきょう》である**玄関**《げんかん》は霊《たましい》の正門、死後ここより霊《たましい》は出て極楽へ帰る。この一点に集中すれば無雑念《むざつねん》で無煩悩《むぼんのう》、さらに**口訣**《こうけつ》を念ずれば大神通力《だいじんつうりき》が顕われ、災難より救われる。

合同《ごうどう》とは神と人との連絡をするものである。十指《じゅっし》を組み合わすと神に通じ、汝の許へ神は降る。災いに遭ったときに、この三宝を使えよ。一瞬にして救われるであろう。

眼前に三期末劫《さんきまっきょう》の災難が迫っている。すなわち九九八十一《くくはちじゅういち》の恐怖におそわれた大きな災難である。七七《しちしち》の間（四十九日）、天と地は暗黒になり、血は河の如く流れ、骨は山の如く積もり、見渡す限り人家がない。地球が出来て以来の最も大きな災いである。善と悪はことごとく判別される。

この時降《くだ》**された一本の金線**《きんせん》**、救いの道は唯天道**《ただてんどう》**一つである。**

これ以上の宝はなく、これに等しい宝もない**大神呪**《だいしんじゅ》で**大明呪**《だいみょうじゅ》であるこの真法を得よ。

そして迫り来る恐ろしい災いより逃出せよ。汝等が今立てた徳は万八《まんはち》（一万八百年間）青《せい》史《し》に良き名が残ろう。

今、徳を立てずして何日《いつ》になって立てると言うのか。天道の普伝には止まる時がある。一旦船が出航すると後の人を待たない。その時になって後悔しても遅いのである。今修め徳を積めよ。汝等は皆縁份《えんぶん》がある。

道に進めば輝かしい光明がある。だが、今道を退《の》けば光明は失われてしまう。

我が門下は、私の言葉を悟り、信じ、道に働けよ。そして、進んで道を宣《の》べ、道を得させよ神は力を加えるであろう。

夜も更けてきた。遠路の者もあろう。私は筆を放す。

老母《ラウム》に辞叩《おいとま》し、理天に帰る。さらに力を加え、道のために奔走せよ。

哈々《はっは》退《かえる》

あとがき

幸運に導いて人生を平穏にし、一生を終えれば極楽浄土へ往生する
天道の『得道（正法）』を授かりましょう。

天道の『得道（正法）』は、即身成仏《そくしんじょうぶつ》が叶う法であり、悟りを開く因縁解脱《いんねんげだつ》の法であります。これまでは、極楽浄土の涅槃は艱難辛苦の苦修苦練《くしゅうくれん》の行をした者だけが昇れると伝えられてきました。

それは事実で確かですが、長い時の移り変わりのなかに人間は四生六道輪廻を限りなく繰り返しており、そのつど艱難辛苦の苦労を重ねているので、天は、聖人の難行苦行とこれまでの輪廻転生での苦労を比較し、そして考えられて、中様は天道の『得道（正法）』を降ろされました。

ですから、聖人と同様の行をしなければ不老不死の極楽浄土の涅槃に帰れないと考える必要はなく、天道の『得道（正法）』を授かれば、人生上に襲ってくる数々の災厄のカルマは消されて因縁解脱が叶い、生きながらの『即身成仏』となるのです。

ゆえに、幸せを得る法『得道』を授かりますと、人生上の障害（悪い因縁）は除かれて運は好転し、幸運に恵まれるようになります。

また、わが身に及ぶさまざまな障害、災難・事故から守られ、そして一生を終えますと、神仏の在す不老不死の楽園である極楽浄土の涅槃に昇り、そして永遠の幸せを得ることになります。

『得道』を授かりますと、アトピー性皮膚炎やぜんそく、それに神経的な病などは癒やされ、また認知症やアルツハイマー病などにかかることがなく、たとえかかったとしても、ごく自然に回復し、周囲の人に多大な迷惑をかけるようなことはありません。

さらに、事故等によるけが、癌や心臓などの病気による大きな手術を受けるようなことがあっても、手術後の痛みは軽く、治るのも不思議なほど早いので、医師や親しい方々は驚かれています。癌の場合、『得道』を授かっていますと、末期でも痛みは軽く、モルヒネなどの薬は必要としません。

そして、自分では守ることができない自然災害や事故や災難など、未然に防ぐことができない出来事に〝**神佛の妙《みょう》**〟が施されて安心を得ることが叶います。

一生に一度だけの『得道』を授かって、聖域に身を置くことによって自ら得るもの、感じるものがあります。それは一生涯にわたって厄除けとなりますから、どこにいても神人一体、神佛は常にそばにいて見守るということにほかなりません。

老𡵆《ラウム》（南無阿弥陀仏）様は天地宇宙、森羅万象、万物を創造なさった親神様ですから、何ら欲得はありません。

神は慈しみこそすれ、わが子が天道の『得道（正法）』を授かるに、その真心を求めるという意味から、金銭の多少は問わず「**功徳費《くどくひ》**」と称してお志をいただきなさいと申されました。

それは、天道普伝のための諸費用に役立て、その功徳は、その得道者の功徳としてお返ししなさいということで、以後、功徳を積む善意からのお布施以外は強制的な負担は強いるものではありません。

天道は民俗《みんぞく》の宗教ではありませんから、会費や寄付などといった強制的な負担は一切ありません。

以後、これまでどおりの生活をなさって、ご自由にお暮らしいただいて結構です。

天道の『得道（正法）』は誕生間もない赤ちゃんからお年寄りまでの老若男女問わず、授かることができます。

天道の『得道（正法）』は予約が必要で、一生に一度だけ授かる『法』ですから、天道説明に時間をかけますので、時間の余裕をもってご参加ください。

なお、天道の『得道（正法）』を授かったからといって、決して規則や戒律に縛られて不自由になることはありません。それとは逆に、限りない光明が与えられます。

どうか、あなたの本当の幸せは天道の『得道（正法）』によって初めて招来するものであることを信じて、一日も早く『道』を得られることを祈念して、筆を置きます。
◎天道は宗旨・宗派を超えた次元の『道』ですから、宗旨・宗派をお持ちの方は天道の『得道（正法）』を授かっても、今までどおり宗旨・宗派にて修行を続けてくださって結構です。

叩首

ご連絡はお手紙またはファックスでお願いいたします。

一般社団法人　天道幸慈会
〒658-0072
神戸市東灘区岡本1丁目3番地17号
パッセージ岡本4階
ファックス　078-412-8987
高山京三

著者プロフィール

高山 京三（たかやま けいぞう）
一般社団法人　天道幸慈会　代表理事
旺陽流推命学塾・佑命舎　正師範
理数易・宗家
推命学塾・佑命塾主宰

著書　●天道シリーズ（たま出版）
「人生をひらく秘密の宝もの」
「人から神へ　悟りの道」
「悪い因縁を切る　幸せの素」
「覚者が説く本当の般若心経」
●「西遊記」に見る天道シリーズ（たま出版）
「極楽道を取るか 地獄途を取るか」
●「お釈迦さまの正法」（ルネッサンス・アイ）

生死輪廻を逃れ極楽に帰る 天道説明

2018年11月28日　初版第1刷発行

著　者　高山 京三
発行者　韮澤 潤一郎
発行所　株式会社 たま出版
〒160-0004 東京都新宿区四谷4－28－20
☎ 03-5369-3051（代表）
http://tamabook.com
振替　00130-5-94804

組　版　一企画
印刷所　神谷印刷株式会社

ISBN978-4-8127-0423-3　C0011